Marion Salamon

Kerstin Schmale

# Sankt Martin, Nikolaus & Co

## Mit Kindern Wintertage feiern und gestalten

Schwabenverlag

FÜR DIE SCHWABENVERLAG AG IST NACHHALTIGKEIT
EIN WICHTIGER MASSSTAB IHRES HANDELNS. WIR ACHTEN DAHER AUF
DEN EINSATZ UMWELTSCHONENDER RESSOURCEN UND MATERIALIEN.


WWW.SCHWABENVERLAG-ONLINE.DE

UMSCHLAGGESTALTUNG/GESTALTUNG: FINKEN & BUMILLER, STUTTGART
ILLUSTRATIONEN UMSCHLAG UND INNENTEIL: RITA EFINGER-KELLER
GESAMTHERSTELLUNG: SCHWABENVERLAG, OSTFILDERN
HERGESTELLT IN DEUTSCHLAND

ISBN 978-3-7966-1395-1

# Inhalt

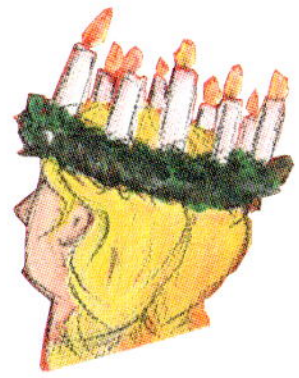

# Der heilige Martin

Um 316/317 wurde der heilige Martin in Sabaria, einer römischen Provinz im heutigen Ungarn, geboren. Als Martin noch ein Kind war, wurde sein Vater, der beim römischen Militär diente, nach Pavia versetzt, und die Familie zog um. Hier wuchs Martin auf, ging zur Schule und trat mit fünfzehn Jahren wie viele andere Soldatensöhne in die römische Armee ein. Martinus, sein römischer Name, der sich von „Mars“, dem römischen Kriegsgott, ableitet, gehörte der berittenen Eliteeinheit der kaiserlichen Leibgarde an. Um 334 war er bereits Gardeoffizier und in Amiens stationiert. Hier ereignete sich die Begegnung von Martin und dem armen Bettler, die bis heute bekannt ist.

Aber es dauerte noch eine Weile, ehe Martinus den Militärdienst quittieren konnte. Denn sein Wunsch war, als Christ zu leben, und dies war für ihn unvereinbar mit dem Dienst an den Waffen. Als er schließlich seinen Abschied nahm, begab er sich nach Poitiers und wurde dort Schüler des Bischofs Hilarius, um selbst Priester zu werden. Um etwa 360 gründete er in Ligugé ein Kloster und wurde bald als Ratgeber und Nothelfer in der ganzen Gegend bekannt. Im Jahr 372 wurde er zum Bischof von Tour geweiht. Er unternahm mehrere Missionsreisen und setzte sich unermüdlich für seine Mitmenschen ein, heilte Kranke und predigte das Evangelium. Auf seiner letzten Reise, im hohen Alter von 81 Jahren, starb Bischof Martin am 8.11. 397 in Candes, das heute Candes-Saint-Martin heißt, etwa 50 Kilometer von Tour entfernt. Am 11. November wurde er in Tour beigesetzt. Dieser Tag wurde schon bald ein hoher Feiertag in der Kirche. Wir feiern also heute nicht, wie sonst meist üblich, den Todestag des Heiligen, sondern den Tag seiner Beerdigung. Martin wird wegen seines vorbildlichen Lebens und Wirkens verehrt, das er ganz in den Dienst Gottes stellte. Er ist damit einer der ersten Heiligen, die nicht verehrt werden, weil sie den Märtyrertod gestorben sind. Schon bald nach seinem Tod entstanden zahlreiche Martinskirchen.

Die Darstellungen in den Kirchen und in Heiligenbüchern zeigen ihn meistens als Ritter, der auf seinem Pferd sitzend mit seinem Schwert den Mantel teilt. An seiner Seite wird der Bettler dargestellt. Auf anderen Bildern wird der heilige Martin im Ornat des Bischofs gezeigt, manchmal umgeben von Gänsen. Diese hatten ihn verraten, als er sich vor seiner Wahl zum Bischof in ihrem Stall versteckt hatte, weil er das Amt nicht annehmen wollte. Zur „Strafe" ließ Martin die Gänse braten, und noch heute gehört ein Gänsebraten traditionell zum Martinstag.
Der heilige Martin ist als Reitersoldat natürlich der Patron der Reiter und der Pferde. Ihm zur Ehre finden an seinem Gedenktag sogenannte Martinsritte statt. Daneben ist er unter anderem der Patron der Soldaten, der Hufschmiede und wegen der Mantelteilung auch der Patron der Weber und Schneider. Neben seinem Gedenktag, dem 11. November, wurde im Mittelalter auch seine Bischofsweihe am 4. Juli gefeiert.

Im Brauchtum zum Martinstag vermischen sich alte jahreszeitliche Volksbräuche mit der Heiligenverehrung. Der Gedenktag fällt in eine Zeit, in der nach alter Sitte die letzten Erntebräuche gefeiert wurden, man den Sommer und den Herbst verabschiedete und sich auf den Winter vorbreitete.
Die Menschen waren froh, wenn Scheune und Vorratsräume gut gefüllt waren, bevor der Winter mit Kälte, Eis und Schnee seinen Einzug halten würde. So schlachteten die Bauern die Tiere, die sie den Winter über nicht durchfüttern wollten. Ihr Fleisch wurde als Vorrat angelegt, also zu Wurst verarbeitet oder eingesalzen, und die Schinken wurden „in den Rauch", in eine Räucherkammer oder in den Schornstein über dem Herdfeuer, gehängt.
Für die Pächter von Wiesen und Ackerland war der 11. November der Tag, an dem der Pachtzins bezahlt werden musste. Noch heute bezahlen viele Pächter an diesem Tag ihre Pacht für ein Wiesengrundstück oder eine Streuobstwiese.
Nach alter Sitte wurden an „Martini", wie der 11. November auch genannt wurde, die Knechte und Mägde entlassen, die den langen Winter über nicht auf den Höfen benötigt wurden. Nach der Erntezeit wurde die Arbeit auf dem Hof weniger und fiel nun überwiegend im Haus an. Für die Knechte und Mägde, die entlassen wurden, war das sicherlich nicht so schön, denn beim Bauern hatten sie ein Dach über dem Kopf und feste Mahlzeiten. Viele von ihnen fanden erst im nächsten Frühjahr wieder eine Anstellung, manche konnten aber auch auf einem anderen Hof zu Martini eine neue Stelle antreten. Den Lohn bekamen die Knechte und Mägde meist nicht in Geld ausbezahlt, sondern in Kleidungsstücken und Lebensmitteln.

Die Kinder des Ortes gingen am Martinstag von Hof zu Hof. Dieses Wandern von Tür zu Tür, bei dem um kleine Gaben gebettelt wurde, nennt man „Heischegänge". Für die ärmeren Familien war es wohl eine Notwendigkeit, damit sie ihre Vorratskammern für den langen Winter auffüllen konnten. Diese „Heischegänge" sind älter als das uns bekannte Martinibrauchtum. Aber in manchen Gegenden gehen noch heute am Martinsabend Kinder mit Laternen in der Nachbarschaft herum, singen Lieder und erhalten dafür ein paar Süßigkeiten.
Die Laternenumzüge erinnern an die früher zu dieser Zeit üblichen liturgischen Lichterumzüge. Hier wurde das Licht Christi, symbolisiert durch eine Kerze, aus der Kirche hinaus in das ganze Dorf getragen. Versetzen wir uns einmal gedanklich in die Zeit, in der es keine Straßenlaternen oder gar mit Lichterketten geschmückte Häuser gab. Da war es besonders in der dunkleren Jahreszeit, wenn die Tage deutlich kürzer wurden, ein sichtbares Zeichen und ein Trost: Christus, das Licht der Welt, ist bei uns, nicht nur in der Kirche, sondern überall dort, wo wir leben, wohnen und arbeiten.
Um 1900 kamen ausgehend vom Rheinland die Kinderumzüge mit Laternen auf. Hier wird der kirchlichen Liturgie des Feiertages folgend eigentlich eine Lichterprozession gefeiert. Heilige sind, bildlich gesprochen, wie Laternen, durch die Gottes Liebe leuchtet. So verstanden, bekommen die Laternenumzüge wieder einen tieferen Sinn, denn jeder von uns kann ein wenig lichtdurchlässig werden, etwas von Gottes Liebe durch sich hindurchscheinen lassen.

# Legenden

## Martinus erhält seinen Namen

„Habt ihr es schon gehört? Unsern Nachbarn ist ein Sohn geboren worden!" So erzählten es sich aufgeregt die Frauen, die an diesem Morgen in der Stadt Sabaria im heutigen Ungarn zum Brunnen gingen. Während sie ihre Krüge abstellten und eine nach der anderen den Eimer an der langen Kette in den Brunnen hinunterließ, fragten sie sich, welchen Namen der kleine Sohn des römischen Offiziers wohl tragen würde. Denn was einmal aus ihm werden sollte, das stand ja schon fest: Er würde ein Soldat werden wie sein Vater. So gehörte es sich ganz einfach.

Im Haus des römischen Offiziers war man voller Freude. Stolz trug der Vater den Kleinen auf dem Arm umher. „Wie werden wir ihn nennen?“, fragte ihn seine Frau. Der Vater überlegte nicht lange: „Martinus!“, rief er. „Ja, Martinus. Sein Name soll an den Kriegsgott Mars erinnern. Mars soll ihn stark machen und immer beschützen, wenn er einmal ein Soldat ist!“ Da nahm ihm die Mutter das kleine, in Windeln gewickelte Kind aus dem Arm. „Schscht!“, schimpfte sie, „nicht so laut, du erschreckst ihn noch mit deiner rauen Stimme. Er verzieht ja schon das Gesichtchen. Ihr Männer denkt doch immer nur an den Kampf.“ „Aber es ist eine Ehre, für den Kaiser zu kämpfen!“, widersprach ihr Mann. „Eines Tages wird Martinus auch in die Dienste des Kaisers eintreten und für ihn siegen!“ „Ja doch, ist ja schon gut!“, besänftigte ihn seine Frau. „Aber bis dahin hat es zum Glück noch ein paar Jahre Zeit. Erst einmal muss er wohl noch etwas wachsen, unser kleiner Martinus!“
An diesem Tag brachten die Eltern an ihrem Hausaltar ein Opfer dar. Dort standen kleine Figuren, Abbilder der römischen Götter, die sie verehrten. Eine davon zeigte auch den Kriegsgott Mars in seiner stolzen Rüstung. Die Eltern verbrannten Weihrauch und duftende Kräuter. Sie sprachen ihre Dankgebete und baten ihren Gott Mars um Schutz für den kleinen Martinus. So zeigten sie ihre Dankbarkeit für die glückliche Geburt ihres Sohnes.

## Martinus erfährt von Jesus

Nach einigen Jahren musste die Familie umziehen. Martinus’ Vater war zum Hauptmann ernannt worden und wurde nach Pavia in Italien versetzt, jetzt sollte er dort seinem Kaiser dienen. Martinus war schon groß geworden. In Pavia konnte er zur Schule gehen. Er lernte alles, was ein römischer Junge können musste. Bald kannte er alle Zahlen und Buchstaben. Seine Lehrer erzählten ihm und seinen Mitschülern die spannenden Sagen der römischen Götter und Helden. Martinus wusste schon jetzt: Irgendwann werde ich auch ein Soldat werden wie mein Vater. Manchmal träumte er davon, auf einem Pferd zu reiten. Sein Vater hatte ihm einen kleinen Mantel geschenkt und ein Holzschwert. Jetzt konnte er mit seinen Freunden ausgelassen spielen. Viele von ihnen waren auch Söhne von Soldaten, so wie er.
In Pavia wohnten viele Menschen. Die meisten von ihnen beteten zu den römischen Göttern. Aber es gab auch einige Christen dort. Martinus

hatte schon davon gehört. Er fragte seine Mutter, ob sie ihm erklären könne, was Christen tun. „Sie beten zu einem unsichtbaren Gott", sagte seine Mutter. „Dann stehen bei ihnen keine Figuren auf dem Hausaltar?", wollte Martinus erstaunt wissen. „Nein", sagte die Mutter. „Ich weiß noch nicht einmal, ob sie einen Hausaltar haben." Martinus wunderte sich sehr. Ein unsichtbarer Gott? Er wusste nicht so recht, was er davon halten sollte.

Eines Tages lernte er Gregorius kennen. Er war genauso alt wie Martinus. Nach einiger Zeit erzählte Gregorius ihm, dass er Christ sei. Martinus wurde neugierig. Immer wieder stellte er ihm Fragen, die Gregorius gerne beantwortete, so gut er es eben konnte. Martinus wollte alles über diesen unsichtbaren Gott wissen. Bald wurden sie richtig gute Freunde, beinahe täglich trafen sie sich. „Warum nennt ihr euch Christen?", wollte Martinus eines Tages von Gregorius wissen. „Weil wir an Jesus Christus glauben", antwortete er und erzählte, dass sein Gott immer bei ihm sei und ihn beschütze. „Und darum kann ich auch immer zu ihm beten, egal wo ich bin." Martinus war beeindruckt. Darum brauchte sein Freund Gregorius also keinen Hausaltar und keine Götterfiguren. „Ist er denn auch ein mächtiger Kriegsgott, dein Jesus Christus?", wollte Martinus wissen. „Meinen Namen trage ich nämlich, damit der Kriegsgott Mars mich immer beschützt!" Gregorius schüttelte den Kopf: „Mein Gott ist sehr mächtig, aber trotzdem will er nicht kämpfen so wie dein Gott Mars. Er beschützt mich, auch wenn er keine Rüstung trägt. Er hat sogar gesagt, dass wir unsere Feinde lieben sollen."

Darüber musste Martinus noch lange nachdenken. Immer wieder wollte er die Geschichten von Jesus hören. Gregorius erzählte ihm, dass Jesus, als er noch auf der Erde lebte, Kranke gesund gemacht, Menschen getröstet, sich für die Armen eingesetzt und von der Liebe seines Vaters im Himmel erzählt hatte. Martinus war tief beeindruckt von dem Jesus der Christen. Aber in seiner Familie galt nun einmal nur der römische Götterglaube etwas.

## Martinus kommt zu den Soldaten

**Als Martinus fünfzehn Jahre alt war, kam sein Vater zu ihm.** „Martinus", sagte er, „es wird Zeit, dass du ein Soldat wirst. Du bist nun zu alt für die Spiele der Kinder. Komm mit, auf dem Marktplatz warten die anderen Soldaten schon auf dich. Du kannst stolz sein, du wirst sogar in die Leibgarde des Kaisers aufgenommen!" Martinus zögerte. Als klei-

ner Junge hatte er davon geträumt, einmal ein Soldat zu sein wie sein Vater: Einen Soldatenmantel und ein schönes Pferd würde er dann haben. „Ob ich das immer noch will?“, dachte er. Aber Martinus hatte keine Wahl. Als Sohn eines römischen Hauptmanns würde auch er ein Soldat werden müssen. Er verabschiedete sich von seiner Mutter, sie nahm ihn in die Arme und wünschte ihm Glück. Dann nahm ihn sein Vater mit. Auf dem Marktplatz standen andere junge Männer, einige von ihnen kannte Martinus aus der Schule. Auch sie würden heute versprechen, dem Kaiser immer treu zu sein. Martinus stand nun da mit seinen neuen Soldatenkleidern und einem echten Schwert, das er jetzt tragen durfte. Sein Vater sagte: „Der Kriegsgott Mars sei mit dir!“
Martinus überlegte. Er hatte so viele Geschichten von dem Jesus der Christen gehört. Ob dieser Jesus jetzt auch bei ihm war? Ob er wagen konnte, sich ihm anzuvertrauen? „Meinem Vater würde das nicht gefallen. Er kann die Christen nicht leiden. Und von ihrem unsichtbaren Gott hält er auch nichts. Warum nur?“, dachte er. Aber in seinem Herzen beschloss er dennoch, auf Jesus zu vertrauen. „Auch wenn ich heute ein Soldat werde, so will ich doch versuchen, ein gutes Leben zu führen!“, dachte er.
Das war nicht immer leicht. Aber Martinus tat, was er konnte, er kümmerte sich um kranke Kameraden und war stets hilfsbereit. Seinen Sold teilte er mit denen, die in Not waren, und behielt für sich nur das Nötigste zurück. Die anderen mochten ihn gerne. „Auf Martinus ist Verlass“, sagten sie, auch wenn er ihre groben Späße nicht mitmachte. „Er ist ein prima Kamerad, das ist das Wichtigste.“

## Martinus teilt den Mantel

**Mit achtzehn Jahren war Martinus inzwischen kein einfacher Soldat mehr.** Weil er als klug und umsichtig galt, wurde er zum Gardeoffizier ernannt. Zu dieser Zeit war seine Truppe in Amiens, einer Stadt in Frankreich, stationiert. Es war Winter. Ein eisiger Wind pfiff durch die Gassen. Niemand ging bei dieser Kälte gerne vor die Tür. Nur hier und da huschten Menschen vorüber, eng in ihre wärmenden Pelzumhänge gehüllt. Am schlimmsten heulte der Wind über die freien Felder vor der Stadt. Martinus und seine Kameraden ritten auf die Stadt zu, es dämmerte schon. Sie hat-

ten ihre großen Soldatenmäntel fest um sich geschlungen. Dennoch biss die Kälte sie empfindlich, und sie wollten nur noch eines: hinein in die Stadt und ein warmes Wirtshaus finden. Die Hufe ihrer Pferde klapperten auf der vereisten Straße, die zum Stadttor führte.
Vor dem Stadttor saßen am Tag viele Bettler. Sie baten diejenigen, die in die Stadt hineingingen oder aus ihr herauskamen, um eine kleine Gabe. An diesem Abend hatten es die wenigen Menschen, die in die Stadt wollten, alle sehr eilig. Es war schon spät. So nahm keiner die einsame, magere Gestalt wahr, die zitternd am Stadttor kauerte. Ein Bettler, der sich kaum mit ein paar Lumpenkleidern vor der Kälte schützen konnte, streckte den Vorbeieilenden seine leere Hand hin. Seine Stimme war schon ganz schwach, er konnte nicht mit Rufen auf sich aufmerksam machen, und so eilten alle achtlos an ihm vorüber. Martinus und seine Kameraden ritten auf das Tor zu. Die Ersten waren schon an dem Bettler vorbei, da hielt Martinus sein Pferd plötzlich an. Er beugte sich zu dem armen Mann hinunter. Der Mann sah müde aus und war halb erfroren. Martinus griff in seinen Proviantbeutel. Erschrocken stellte er fest, dass er leer war. Sein letztes Brot hatte er vor einer Stunde mit einer Frau geteilt, deren Kind vor Hunger geweint hatte. Auch in dem kleinen Säckchen, in dem er seinen Sold aufbewahrte, fand er keine noch so winzige Münze mehr. Der Bettler blickte den Soldaten bittend an. Martinus schüttelte traurig den Kopf. „Ich hab nichts mehr, was ich mit dir teilen kann“, seufzte er. Der Bettler ließ müde den Kopf sinken und zog seine löchrigen Kleider enger um sich. Ein kalter Windstoß fuhr durch den Torbogen, auch Martinus zog seinen Mantel enger um sich, der so groß war, dass er sich gut darin einwickeln konnte. Wie jedes der Bestandteile seiner Uniform hatte er ihn vom Kaiser geliehen bekommen. Da schoss es Martinus durch den Kopf: „Ich habe nichts mehr, was mir gehört, das ich teilen könnte. Aber mein Mantel ist so groß, ich werde ihn mit dem armen Mann teilen.“ Martinus zog kurz entschlossen sein Schwert. Der Bettler fuhr erschrocken zusammen. Was hatte der Soldat mit dem Schwert vor? Aber wie staunte er da, als er sah, dass der vornehme Offizier auf dem Pferd seinen Mantel abnahm und ihn mit einem einzigen Schwertstreich zerteilte. Dann steckte er das Schwert zurück in die Scheide, schlang sich die eine Mantelhälfte um die Schultern und reichte dem armen Mann die andere herab. „Hier, nimm diesen Mantelteil, er reicht für uns beide!“, sagte Martinus. Dann gab er seinem Pferd die Sporen und ritt hinter den Kameraden her, die inzwischen schon ein warmes Wirtshaus gefunden hatten. Verwundert und dankbar schaute ihm der Bettler nach. Alles war so schnell gegangen, er hatte nicht einmal Zeit gehabt, sich für die Gabe zu bedanken.
Als Martinus in die Gaststube kam, schauten ihn die anderen erstaunt

an. „Wie siehst du denn aus?“, rief einer. „Bist du unter die Räuber gefallen? Was ist mit deinem Mantel passiert? Kann man dich nicht einmal für ein paar Augenblicke allein lassen?“ Sie lachten aus voller Kehle. „Ja, wo hast du die andere Hälfte gelassen?“, wollten sie wissen. Da erzählte Martinus ihnen: „Habt ihr den armen Mann gesehen, der am Stadttor saß? Ich hatte nichts mehr bei mir, das ich ihm hätte geben können. Da habe ich meinen Mantel mit ihm geteilt. Er ist doch so groß, er hat für uns beide gereicht.“ Da verstummten die Lacher, einer nach dem anderen nickte Martinus anerkennend zu. Und so mancher von ihnen dachte, dass er selbst sehr wohl den Mann gesehen, aber nicht hatte anhalten wollen, um ihm zu helfen. „Du hast nichts mehr im Beutel, sagst du?“, fragte ihn ein Kamerad. „Nein, ich habe mein Brot heute Nachmittag schon geteilt. Und den Sold habe ich auch verschenkt.“ „Dann werde ich heute für dich bezahlen, Martinus, du hilfst uns ja auch immer“, antwortete ein anderer Offizier.
In dieser Nacht hatte Martinus einen seltsamen Traum. Er träumte von einem Mann, den er noch nie gesehen hatte. Der Mann war mit einer Mantelhälfte bekleidet, mit der Hälfte, die Martinus dem Bettler geschenkt hatte. Er war von Engeln umgeben. Plötzlich wusste Martinus: Das ist Jesus. Im Traum zeigte Jesus auf Martinus und sagt zu den Engeln: „Seht her, das ist Martinus, der noch nicht getauft ist, er hat seinen Mantel mit mir geteilt.“ Als Martinus erwachte, war er verwirrt, aber auch glücklich. Er dachte: „Ich will mein Leben als Soldat aufgeben, ich will mehr von Jesus wissen und das, was ich weiß, anderen weitererzählen. Ich will auch ein Christ werden!“ Aber es dauerte noch einige Jahre, bis dieser Wunsch von Martinus wahr werden konnte.

Als der Hauptmann erfuhr, was Martinus getan hatte, war er nicht erfreut darüber. Er fuhr ihn an: „Martinus, du hast einen Mantel zerschnitten, der dir nicht gehört. Der Kaiser hat ihn dir geliehen, aber er ist immer noch kaiserliches Eigentum. Du darfst nicht das Eigentum des Kaisers einfach so zerstören und herschenken! Damit du dir das für alle Zeiten merkst, bekommst du zur Strafe drei Tage Arrest.“

# Martinus will kein Soldat mehr sein

Wieder einmal mussten die Soldaten weiterziehen. Diesmal nach Germanien, dort lag die Stadt Worms. Die Germanen wollten hier gegen die Römer kämpfen.
Am Abend vor der Schlacht rief der Kaiser seine treuen Soldaten zusammen. Er sprach ihnen Mut zu und schenkte jedem eine besondere Münze. Jeder der Soldaten wurde einzeln zum Kaiser gerufen und erhielt diese Belohnung, damit er am anderen Tag umso mutiger für den Kaiser kämpfen konnte. Auf der Münze war der Kopf des Kaisers eingeprägt. Auch Martinus trat vor den Kaiser. Als dieser ihm die Münze geben wollte, schüttelte Martinus den Kopf. Er streckte seine Hand nicht nach der Münze aus. Der Kaiser schaute ihn erstaunt an. Martinus war einer seiner besten Männer, was war los mit ihm? Martinus sah dem Kaiser fest in die Augen. „Verehrter Kaiser Julian!“, sagte er mit klarer Stimme, „Ich werde nicht in diesen Kampf ziehen. Ich glaube an Jesus Christus und will so leben, wie er es getan hat. Ich kann und will nicht mehr zu den Waffen greifen. Deine Münze nehme, wer will, ich werde es nicht tun.“ Der Kaiser wurde wütend. Diese Christen! Er konnte sie nicht leiden! Und nun wollte ausgerechnet Martinus zu ihnen gehören! „Du lügst, Martinus!“, schrie der Kaiser ihn an. „In Wirklichkeit bist du nur zu feige, um zu kämpfen!“ „Nein“, antwortete Martinus ruhig, „ich werde dir beweisen, dass es mir nicht an Mut fehlt. Lass mich morgen beim Kampf vor den ersten Reihen herreiten, unbewaffnet, ohne Schild und Helm, allein unter dem Schutz des Kreuzes. So werde ich die Reihen der Feinde durchreiten.“ „Du Narr!“, rief der Kaiser aus. Dann wandte er sich an seine Wachen: „Nehmt ihn gefangen, damit er nicht versucht, in der Nacht zu fliehen. Morgen werden wir ja sehen, wer stärker ist, der Gott der Christen oder unsere Götter!“
Im Morgengrauen kamen Abgesandte aus dem germanischen Lager zum Zelt des Kaisers. Sie hatten eine wichtige Botschaft zu überbringen. Die Germanen ergaben sich, sie wollten keinen Kampf mehr gegen das römische Heer führen. Nun konnte auch der Kaiser Julian Martinus nicht mehr aufhalten. Er gab seinen Mantel, sein Schwert und sein Pferd zurück. Er verabschiedete sich von seinen Kameraden. Dann ging er davon.

# Martinus und der Räuber

Martinus wanderte durch die Berge. Er war allein unterwegs. Da kam er in eine einsame Gegend. Plötzlich stand eine Räuberbande vor ihm. Sie nahmen ihm auch noch das Wenige, das er besaß. Dann fesselten sie ihn und brachten ihn in eine Höhle. Einer der Räuber sollte ihn in der Nacht bewachen. Sie saßen sich gegenüber, ein wärmendes Feuer brannte zwischen ihnen. Martinus schaute den Räuber freundlich an. Er wusste, es gibt keinen Menschen auf der Erde, den Gott nicht lieb hat. Der Räuber hatte einen scharfen Dolch in der Hand, er sagte zu Martinus: „Sicherlich hast du Angst vor mir!“ „Nein, warum sollte ich Angst vor dir haben?“, wollte Martinus ruhig wissen. „Du bist doch ganz alleine hier mit mir in der Höhle!“, erwiderte der Räuber. Da schaute Martinus den Räuber aufmerksam an. „Aber ich bin doch gar nicht alleine“, antwortete er ernst. Der Räuber stutzte - wollte Martinus ihn ärgern? War der Mann verrückt? Oder hatte er doch einen Begleiter, den sie übersehen hatten? Vorsichtig, damit Martinus es nicht bemerkte, schaute er sich um. Er sah aber niemanden. Ob jemand in der Nacht draußen vor der Höhle lauerte? „Was soll das?“, schimpfte der Räuber, „hier sind nur du und ich! Wage nicht, mich zum Narren zu halten!“ Da begann Martinus dem Räuber von Jesus zu erzählen. Von Jesus, der versprochen hatte, immer bei seinen Freunden zu sein. Von Jesus, der die Menschen liebte. Der Räuber hörte aufmerksam zu. Wenn Martinus aufhören wollte zu erzählen, sagt er: „Du sollst weitersprechen, ich will noch mehr von deinem Jesus hören!“ Die ganze Nacht hindurch musste Martinus dem Räuber erzählen, was Jesus für die Menschen getan hatte und dass er ihr Freund sein wollte.

Die Sonne ging schon auf, da sagte der Räuber nachdenklich: „Aber so einen schlechten Menschen wie mich will dein Jesus sicher nicht zum Freund haben." „Doch, ich glaube schon", antwortete Martinus ihm freundlich. „Wenn du ihm vertraust, dann wird er dir deine schlechten Taten vergeben, und du kannst ein neues Leben anfangen." „Das kann ich kaum glauben!", seufzte der Räuber. „Du darfst es aber!", lachte Martinus ihm aufmunternd zu. Der Räuber überlegte lange. Ganz still war es in der Höhle. „Ja, ich will!", sagt er schließlich. Die Sonne stieg bereits langsam über die Berggipfel, bald würden die anderen zurückkommen. Da löste der Räuber die Fesseln an Martinus Händen und Füßen. „Lass uns gehen!", sagte er entschlossen zu Martinus. „Ich will an Jesus glauben und mein Leben noch einmal ganz von vorne anfangen."

## Martinus wird Bischof von Tour

**Martinus wanderte lange, bis er nach Frankreich in die Stadt Poitiers kam.** Er ging dort zum Bischof, um bei ihm alles über Jesus zu lernen, was dieser wusste. Martinus ließ sich taufen und wollte selbst ein Mann werden, der den Menschen von Jesus erzählt: ein Priester. So gründete er mit anderen Männern in der Nähe von Tour ein Kloster. Sie lebten, arbeiteten und beteten dort miteinander als Mönche.
Schon bald wurde Martinus in der ganzen Gegend bekannt. Immer wieder kamen Menschen zu ihm, wenn sie Hilfe oder einen Rat brauchten. Martinus war ein guter Zuhörer, er nahm die Sorgen der Menschen ernst und half ihnen mit Rat und Tat. Eines Tages starb der Bischof von

Tour, und man suchte einen würdigen Nachfolger. Die Menschen in Tour hatten nur einen Wunsch: Martinus, der Mönch, sollte ihr neuer Bischof werden, zu ihm hatten sie Vertrauen.
Martinus selbst war nicht sehr glücklich darüber. Ein Bischof lebte in einem großen Haus, er hatte viele Diener und trug kostbare Kleider. „Ob ich dann wirklich noch so viel Zeit hätte, um den Menschen zuzuhören? Und werde ich überhaupt zum Bischof gewählt?", fragte er sich. Er ging mit den Menschen in die Stadt Tour. Viele hatten sich versammelt, sie standen an der Straße und warteten auf Martinus. Sie wollten, dass er ihr neuer Bischof werden sollte. Aber es gab auch ein paar Menschen, unter ihnen auch einige andere Bischöfe, die Martinus nicht als neuen Bischof sehen wollten. „Schaut ihn euch doch an!", riefen sie. „Er kommt in einfachen und schmutzigen Kleidern daher, ein armer Mönch, er ist es nicht wert, dass wir ihn zum Bischof weihen!" Aber das Volk wusste es besser, sie kannten Martinus und wussten: Er hat ein gutes Herz.

Martinus hatte dem Streit eine Weile zugehört, schließlich wollte er nicht mehr länger dabeibleiben. Leise ging er davon, keiner bemerkte es. Er suchte nach einem passenden Versteck. Hier wollte er warten, bis der Streit und die Bischofswahl vorbei waren. Da sah er im Hof eines Hauses einen großen Gänsestall. „Hier wird mich niemand vermuten!", dachte er und schlüpfte schnell hinein. Die Gänse schauten ihn neugierig an. Sie wunderten sich: Was wollte der fremde Mann hier? „Waaas? Waaas? Waaas macht der hier?", schnatterten sie durcheinander. Immer lauter wurden sie dabei.
Inzwischen hatten die anderen Bischöfe es auch eingesehen, das Volk von Tour sollte Martinus als neuen Bischof bekommen. Sie wollten es ihm sagen – aber wo steckte dieser Martinus denn nur? Sie begannen ihn überall in der Stadt zu suchen. Da hörten sie das Geschrei der Gänse, das bis auf die Straße hinaus drang. „Waaas? Waaas? Waaas macht der hier?", riefen die Gänse immer lauter. Die Menschen wunderten sich, warum die Gänse so ein Geschrei machten. Sie drangen in den Hof und liefen zum Gänsestall. Da sahen sie Martinus, er hatte sich dort versteckt. Sie baten ihn von Herzen: „Werde du unser Bischof, dir vertrauen wir, Martinus!"
Da stimmte Martinus endlich zu. Ja, er würde ihr neuer Bischof werden. Aber nur unter einer Bedingung: Er wollte weiterhin in einer einfachen Mönchszelle leben und nicht in den Bischofspalast ziehen. Er wollte auch während des Gottesdienstes nicht auf dem kostbaren Bischofsstuhl sitzen, sondern auf einem ganz einfachen Stuhl. Er wollte in allem so leben, wie Jesus es auch getan hatte. So wurde er Bischof von Tour und konnte noch viele Jahre den Menschen Gutes tun.

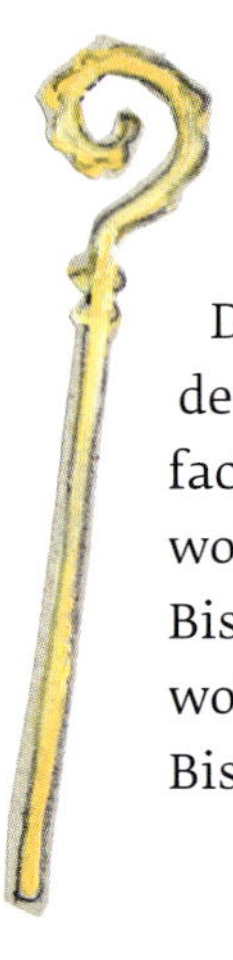

# Bräuche

## Martinsgans

**Eine Martinsgans gehört immer noch für viele zum Martinifest-schmaus.** Auch wenn dieser Brauch sich aus der Legende über die Bischofswahl von Martin ableitet, ist er vermutlich viel älter als das Martinsfest: Wotan war ein Gott der Germanen. Er ritt nach ihrer Vorstellung auf einem Schimmel, und sein Begleittier war die Gans. Wer an diesem Tag eine Gans zum Festessen verspeiste, der wurde so stark wie Wotan, so glaubte man jedenfalls. Weil man nach germanischem Glauben Wotan auch für eine gute Ernte dankte, wurde ihm zu Ehren ein Erntefest im Herbst gefeiert. Das Gänseessen ist also streng genommen noch ein Erntefest. „Zwischen den Jahren" schließlich, also in den sogenannten Raunächten zwischen dem 24.12. und dem 6.1., wenn es manchmal besonders stürmte, glaubte man, Wotan zöge mit seinem „Wilden Heer" durch die Lüfte.
Für viele Familien ist heute ein Gänsebraten natürlich viel zu viel, man müsste mehrere Tage daran essen. Aber eine Gans lässt sich ja auch aus Teig ganz einfach backen: Man knetet einen Hefeteig oder Mürbeteig, wellt ihn aus und schneidet mit einem Messer eine große Gans aus, bepinselt sie mit Eigelb, bestreut sie mit Hagelzucker und backt sie im Ofen – eine „Gans und gar" gänsefreundliche Variante.

# Laternenumzug

Heute ist der bekannteste Martinsbrauch sicherlich der Martinsumzug. Die Kinder ziehen mit ihren meist selbst gebastelten Papierlaternen singend durch die Straßen. Oft werden sie dabei von einem Martin zu Pferd, einem Mann in römischen Soldatenkleidern, angeführt. An einem zentralen Platz im Ort, an dem manchmal auch ein Martinsfeuer brennt, wird die bekannte Mantelteilung dann nachgespielt. In vielen Gegenden ist es üblich, danach Martinsbrezeln an die Kinder zu verteilen. Die Botschaft des Martinsspiels ist die uralte christliche Überzeugung, dass, wer etwas mit einem anderen teilt, nicht nur dessen Bedürftigkeit und Not lindert, sondern damit Jesu Wort erfüllt: „Was ihr dem Geringsten meiner Brüder getan habt, das habt ihr mir getan!"

# Weihnachten im Schuhkarton

Seit Anfang der 90er-Jahre gibt es eine schöne Aktion, die sich zunehmend verbreitet: „Weihnachten im Schuhkarton". Kinder und ihre Familien füllen Schuhkartons mit schönen und nützlichen Dingen, die andere Kinder nicht so selbstverständlich haben wie wir. Die gepackten Kartons werden gesammelt und dann in inzwischen 13 verschiedene Länder verschickt. Meistens ist an Sankt Martin der letzte Abgabetermin, damit die Päckchen auch bestimmt bis Weihnachten bei den Kindern ankommen. Viele Kirchengemeinden machen inzwischen mit. Weitere Informationen dazu unter:

www.geschenke-der-hoffnung.org/weihnachten-im-schuhkarton

# Bauernregeln

Zu Martin gibt es auch einige Bauernregeln. Über manche mag man heute schmunzeln, aber wer will, kann ja das Wetter um Sankt Martin einmal daraufhin beobachten, ob die alten Regeln noch ihre Gültigkeit haben:

„Wie Sankt Martin führt sich ein,
soll zumeist der Winter sein."

„Ist um Martini der Baum schon kahl,
macht der Winter keine Qual."

„Wenn's Laub nicht vor Martini fällt,
kommt 'ne große Winterkält'."

„Sankt Martin kommt nach alter Sitten
gern auf einem Schimmel geritten (das heißt: mit Schnee)."

# Lieder

## Sankt Martin ritt durch Schnee und Wind

volkstümlich

2. Im Schnee saß, im Schnee saß,
im Schnee da saß ein armer Mann,
hat Kleider nicht, hat Lumpen an.
„O, helft mir doch in meiner Not,
sonst ist der bittre Frost mein Tod."

3. Sankt Martin, Sankt Martin,
Sankt Martin zieht die Zügel an,
sein Ross steht still beim armen Mann.
Sankt Martin mit dem Schwerte teilt
den warmen Mantel unverweilt.

4. Sankt Martin, Sankt Martin,
Sankt Martin gibt den halben still,
der Bettler rasch ihm danken will,
Sankt Martin aber ritt in Eil
hinweg mit seinem Mantelteil.

# Durch die Straßen auf und nieder

Text: Lieselotte Holzmeister   Melodie: Richard Rudolf Klein

2. Wie die Blumen in dem Garten blüh'n Laternen aller Arten:
rote, gelbe, grüne, blaue, lieber Martin, komm und schaue.

3. Und wir gehen lange Strecken mit Laternen an den Stecken:
rote, gelbe, grüne, blaue, lieber Martin, komm und schaue.

# Ich geh mit meiner Laterne

aus Norddeutschland

Ich geh mit meiner Laterne und meine Laterne mit mir.
Da oben leuchten die Sterne und unten leuchten wir.

2. Laternenlicht, verlösch mir nicht, rabimmel, rabammel, rabum. (2x)
3. Der Hahn der kräht, die Katz miaut, rabimmel, rabammel, rabum. (2x)
4. Ein Lichtermeer zu Martins Ehr, rabimmel, rabammel, rabum. (2x)
5. Mein Licht ist aus, wir gehen nach Haus, rabimmel, rabammel, rabum. (2x)

# Laterne, Laterne, Sonne, Mond und Sterne

volkstümlich

2. Laterne, Laterne ...
Sperrt ihn ein, den Wind,
sperrt ihn ein , den Wind,
er soll warten, bis wir zu Hause sind.

3. Laterne, Laterne ...
Bleibe hell, mein Licht,
bleibe hell, mein Licht,
sonst strahlt meine liebe Laterne nicht.

# Leute, löscht die Lichter aus

Text und Melodie: Bernd Kohlhepp

2. Feuerzeuge, Taschenlampen
kann man heut' auch mal verschlampen.
All das braucht man heute nicht,
wir haben ja Laternenlicht.
Li-, La-, Laternenlicht,
die Sonne scheint heut' Abend nicht,
Li-, La-, Laternenlicht,
die Sonne scheint heut' Abend nicht,
weil sie wie am Tag
ja nachts nicht scheinen mag.

3. Straßenlampen an den Wegen,
ihr seid heut' ganz ungelegen.
Nur der Mond scheint mit den Sternen
und mit unsren Leuchtlaternen.
Li-, La-, Laternenlicht,
die Sonne scheint heut' Abend nicht,
Li-, La-, Laternenlicht,
die Sonne scheint heut' Abend nicht,
weil sie wie am Tag
ja nachts nicht scheinen mag.

4. Wer uns leuchten sehen kann,
schließe sich gleich hinten an.
Unser Zug soll sich verlängern
mit lauter Leuchtlaternensängern.
Li-, La-, Laternenlicht,
die Sonne scheint heut' Abend nicht,
Li-, La-, Laternenlicht,
die Sonne scheint heut' Abend nicht,
weil sie wie am Tag
ja nachts nicht scheinen mag.

# Basteln und schmücken

## Martinslaterne

*Was wäre das Martinsfest ohne eine selbst gebastelte Laterne?* Schön sieht es aus, wenn die lichtgefüllten Laternen, die von den Kindern getragen werden, im Dunkel zu schweben scheinen.
Für die jüngeren Kinder ist es schon recht aufregend, mit einer brennenden Kerze in der Laterne zu laufen, sie haben oft Mühe, auf den Weg und auf die Laterne zu achten. Man kann daher zu Hause ruhig ein wenig „üben“, wie man so eine Laterne hält. In der Martinszeit genießen die Kinder es, in der Dämmerung einen kleinen Laternenspaziergang zu machen. Viel zu kurz ist diese schöne Zeit, sie will ausgekostet werden, und das nicht nur mit einem Laternenumzug! Man darf seine schöne Laterne ruhig ein bisschen öfter durch die Straßen tragen.

Einfach, aber sehr effektvoll ist eine Martinslaterne in Aquarelltechnik zu basteln. Gerade weil ihre Form so schlicht ist, kommen die ineinanderlaufenden Farben voll zu Geltung.

### DAS BRAUCHT MAN

Eine runde Käseschachtel, einen Laternenkerzenhalter, Bügel und Laternenstab, einen Bogen weißes Aquarellpapier aus dem Bastelladen, eine Laternenkerze oder eine Christbaumkerze.
Für kleine Kinder darf die Laterne ruhig kleiner und damit auch leichter werden. Es genügt eine Käseschachtel mit einem Durchmesser von ca. 12 cm. Für größere Kinder kann man aber auch im Bastelladen größere Käseschachteln kaufen. Eine kleine Laterne kann ca. 20 cm hoch sein, eine große Laterne ca. 25 cm.
Je nach Umfang der Schachtel und der Höhe der Laterne wird das Papier bemessen: Schachtelumfang plus 2 cm Zugabe, damit man das Laternenpapier überlappend zusammenkleben kann (Schachtelumfang + 2 cm Zugabe x Höhe der Laterne).

### UND SO GEHT'S

Ein Bogen weißes Aquarellpapier wird auf das Maß des gewünschten Laternenpapiers zugeschnitten. Das Papier wird auf eine wasserfeste Unterlage gelegt. Mit einem Schwamm wird das Papier nass gemacht und glatt auf die Unterlage gepresst. Mit Wasserfarben in den Farben Gelb, Orange und Rot das Papier mithilfe eines dicken Pinsels satt einfärben, sodass die Farben schön ineinanderlaufen. Nun das fertig an-

gemalte Papier vorsichtig von der Unterlage lösen und trocknen lassen. Nach dem Trocknen muss man es eventuell wieder glattbügeln.
Nun wird das Papier um die Käseschachtel herum geklebt. Achtung: den Kerzenhalter vorher in den unteren Teil der Käseschachtel einsetzen! Dann den Schachteldeckel oben einsetzen. Wer mag, klebt von außen auf das Laternenpapier noch einen schmalen Streifen Goldpapier auf. Mit einer dicken Stopfnadel werden die Löcher für den Laternenbügel gestochen.
Damit die Laterne auch durchscheinend wird, muss sie nun noch geölt werden. Dazu nimmt man einfaches Salatöl, zum Beispiel Sonnenblumenöl. Mit einem dicken Pinsel oder mit einem Küchenpapier lässt sich das Öl außen auf das Laternenpapier auftragen. Das Papier nimmt das Öl gut auf, überschüssiges Öl wird später mit einem Küchenpapier aufgenommen. Bei dickerem Aquarellpapier muss man eventuell das Öl mit dem Küchenpapier kräftig einreiben.

## Tischlaternchen

### DAS BRAUCHT MAN

Aus den Restabschnitten vom selbstbemalten Laternenpapier oder aus Tonpapier in Rot, Gelb oder Orange lassen sich schöne kleine Tischlaternen basteln. In ihrer Mitte brennt ein Teelicht. Stellen Sie einen Korkuntersetzer unter das Teelicht, damit der Tisch nicht beschädigt wird, falls das Metalltöpfchen zu heiß wird.

### UND SO GEHT'S

Ein Fünfeck ist die Grundform. An den gestrichelten Linien wird es gefaltet, an den durchgezogenen Linien eingeschnitten. Die Einschnitte werden nun übereinander geklebt. Anschließend wir das Laternchen eingeölt, damit es durchscheinend wird. Durch die Überlappungen entsteht ein schöner Hell-Dunkeleffekt.
Solch ein Laternchen ist auch ein schönes Mitbringsel in der Martinszeit.

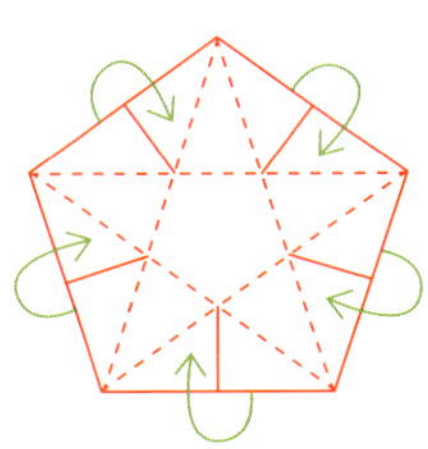

# Martinsgänse aus Bastelton

**In der Martinszeit gibt es Gänse-Ausstecher in verschiedenen Größen zu kaufen.** Aus selbsthärtendem Bastelton sind sie schnell ausgestochen. Mit einem Loch an der richtigen Stelle werden daraus schöne Anhänger für den Türkranz oder für ein kleines Geschenk. Probieren Sie, wo in etwa das Loch sitzen muss, damit die Gans später richtig hängt!

## DAS BRAUCHT MAN

Selbsthärtenden Bastelton, Gänse-Ausstecher, Messer, Schaschlikspieß oder Zahnstocher, Nudelholz.

## UND SO GEHT'S

Mit dem Nudelholz den Bastelton ausrollen. Der Ton sollte nicht zu dünn sein, je nach Größe der Ausstechform. Mit dem Ausstecher die Gans ausstechen und auf ein Blech legen. Mit dem Schaschlikspieß ein Auge markieren und das Loch für das Aufhängeband anbringen. Anschließend die Gänse an einem warmen Ort langsam trocknen lassen.

Man kann bei kleinen Gänsen auch anstelle des Loches einen Schaschlikspieß von unten in die Gans bohren, den man mittrocknen lässt. Die fertige Gans wird dann in einen Blumentopf gesteckt.

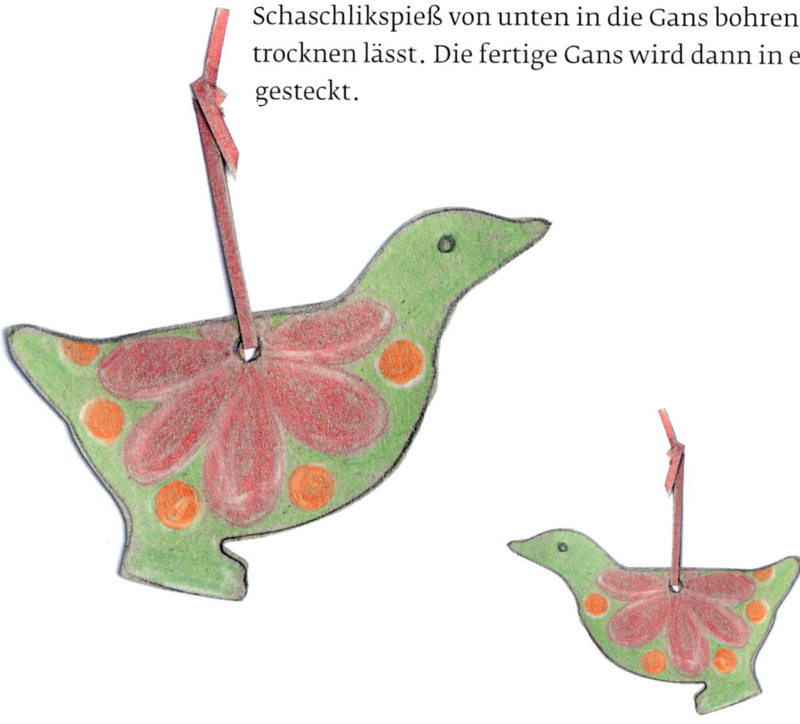

## Rezepte

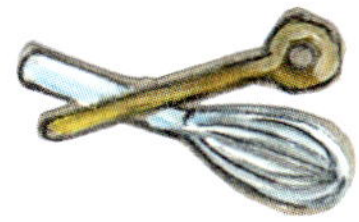

# Martinshörnchen und Martinsringe

Die Martinshörnchen erinnern in ihrer Form an die Hufeneisen von Martins Pferd, auf dem er in die Stadt Amiens einritt. Wer mag, kann aus dem Teig aber auch kleine Ringe formen, die dann an Menschen verschenkt werden, die man ganz besonders mag. Der Kreis oder der Ring ist ein altes Symbol. Er hat keinen Anfang und kein Ende. Mit ihm drücken wir aus, dass die Freundschaft unendlich sein soll.

### ZUTATEN

1 kg Weizen- oder Dinkelmehl, 2 Würfel oder Päckchen Hefe, ½ l lauwarme Milch, 3–4 Eier, 1 TL Salz, 2 EL Zucker oder Honig, 200 g zimmerwarme Butter, abgeriebene Schale einer Zitrone oder ½ TL Kardamom, 125 g Rosinen, 100 g Korinthen
Zum Bestreuen: zerlassene Butter zum Bestreichen, 50 g grobgemahlene Mandeln oder etwas Zimtzucker

### UND SO GEHT'S

Aus den Zutaten einen Hefeteig kneten. Den Teig zu einem Kloß formen und immer wieder auf die Arbeitsplatte schlagen. Das lockert den

Teig, bis er Blasen wirft. Den Teigkloß mit einem scharfen Messer anschneiden und den Anschnitt kontrollieren: Hat der Teig viele kleine Blasen, so wird er schön locker. Zugedeckt lässt man ihn nun eine Weile an einem warmen Ort gehen.
Auf einer mehlbestäubten Arbeitsfläche den Teig in Stücke schneiden und zu hufeisenförmigen Hörnchen formen. Auf einem gefetteten Backblech oder auf Backpapier gehen lassen, dann mit zerlassener Butter bestreichen und mit Mandeln oder Zimtzucker bestreuen. Im vorgeheizten Backofen bei 180°C goldbraun backen.

## Stutenkerl oder Weckmann

**Der Stutenkerl oder Weckmann ist ein beliebtes Geschenk für Kinder, besonders, wenn er noch eine echte kleine Tonpfeife hat.** „Stuten" ist ein anderes Wort für Hefebrot, das Wort „Weckmann" enthält das Wort „Weck", also ein Brötchen aus hellem Hefeteig. Traditionell werden Männer gebacken, aber wer mag, kann ihm noch eine Frau zur Seite stellen!

### ZUTATEN

1 kg Weizen- oder Dinkelmehl, ¼ l lauwarme Milch, 2 Eier, 125 g zimmerwarme Butter, 20 g Zucker oder einen EL Honig, 1 TL Salz, ½ TL Kardamom oder Anis
Zum Verzieren: Korinthen oder Rosinen, zerlassene Butter zum Bestreichen, feinen Streuzucker, und wer hat: eine Tonpfeife

### UND SO GEHT'S

Die Zutaten zu einem geschmeidigen Hefeteig verarbeiten. Schlägt man den Teig einige Male kräftig auf die Arbeitsplatte, wird er geschmeidig und locker. Dann den Teig zugedeckt an der warmen Heizung gehen lassen.
Den Teig nochmals durchkneten, in 4 bis 6 gleichgroße Teile schneiden und kleine Figuren daraus formen. Die Tonpfeife in den Mund stecken, die Korinthen als Augen und Knöpfe am Hemd in den Teig drücken, mit zerlassener Butter bestreichen und mit feinem Zucker

bestreuen. Die Figuren noch einmal etwas gehen lassen und im vorgeheizten Backofen bei 180°C bis 200°C ca. 15 bis 20 Minuten backen, bis sie goldbraun sind.

## Kinderpunsch

Nach dem Laternenumzug schmeckt ein warmer Punsch besonders gut. Dazu werden die Martinshörnchen miteinander geteilt.

### UND SO GEHT'S

Einen kräftigen Früchtetee brühen. Mit Apfelsaft, Orangensaft und Kirschsaft zu gleichen Teilen mischen und alles noch einmal erwärmen. Der Teepunsch wird mit etwas Zimt gewürzt.
Es sieht beinahe wie ein Band aus Eiskristallen aus, wenn an den Punschgläsern ein Zuckerrand klebt: Man gibt etwas feinen Zucker auf einen kleinen Teller. Das Punschglas wird am Rand angefeuchtet und „kopfüber" in den Zucker gesteckt. Der Zucker bleibt am Glasrand kleben. Nun den Zuckerrand antrocknen lassen und dann den Kinderpunsch vorsichtig mit einer Kelle einfüllen.

# Martinsgänse

**Für diese Martinsgänse muss kein Federvieh sein Leben lassen!**

ZUTATEN

Man braucht weiße große Papierservietten, einen schwarzen Farbstift, Reste von rotem Tonpapier, Klebstoff und für jede Gans eine Mandarine.

UND SO GEHT'S

Die Mandarine wird in die ausgebreitete Serviette gewickelt, sodass ein Serviettenende als Gänseschwanz verdreht und das andere als langer Hals mit Kopf verzwirbelt wird. Am Kopf malt man zwei schwarze Augen auf und klebt einen roten Papierschnabel an.

# Martinsspiel

LIEDVERS: (Alle)

*Sankt Martin, Sankt Martin,*
*Sankt Martin ritt durch Schnee und Wind,*
*sein Ross, das trug ihn fort geschwind.*
*Sankt Martin ritt mit leichtem Mut,*
*sein Mantel deckt ihn warm und gut.*

ERZÄHLER:

Vor vielen hundert Jahren lebte in Frankreich ein römischer Soldat. Sein Name war Martinus. Einmal, es war ein kalter Winterabend, ritt Martinus auf eine Stadt zu. Den ganzen Tag über war er mit seinen Kameraden über Land geritten, nun wollten sie endlich in die sicheren Mauern der Stadt Amiens einkehren. Sie hofften, ein gutes Wirtshaus zu finden, in dem sie ein warmes Essen und einen kräftigen Trunk bekommen würden. Martinus war der Letzte der Reiterschar und hielt sein Pferd vor den Wachen am Stadttor an.

WACHEN: (sie versperren den Weg)

Halt! Wer da?

MARTINUS:

Ich bin Martinus, ein römischer Soldat.
Ich will meine Kameraden in der Stadt im Wirtshaus treffen.

WACHEN:

Dann reite nur zu. Es ist schon kalt geworden.
Sicher warten sie auf dich schon im Wirtshaus!
Beeil dich, Martinus, sonst lassen sie dir am Ende nichts zu essen übrig!
(Sie geben den Weg frei, treten zur Seite)
Ja, wir wären jetzt auch lieber im Wirtshaus!

ERZÄHLER

Martinus wollte sein Pferd gerade antreiben, um seinen Kameraden hinterherzureiten, da sah er am Wegesrand eine Gestalt sitzen. Ganz zusammengekauert saß dort ein Bettler. Beinahe hätte Martinus ihn übersehen. Mit ein paar Lumpen versuchte er sich notdürftig gegen die Kälte zu schützen. Martinus hielt sein Pferd an und sah den Bettler an.

LIEDVERS: (Alle)

*Im Schnee saß, im Schnee saß,*
*im Schnee da saß ein armer Mann,*
*hat Kleider nicht, hat Lumpen an.*
*„O, helft mir doch in meiner Not,*
*sonst ist der bitt're Frost mein Tod."*

MARTINUS:

He, du, warum sitzt du hier in der Kälte?

BETTLER: (sieht zu Martinus empor)

Ach, Herr, so wie ich bin, kann ich doch in kein Haus gehen.
Weil ich nur Lumpen trage, lässt mich niemand ein.
Habt ihr nicht einen Bissen Brot für mich?

MARTINUS:

Brot? Nein, Brot habe ich nicht bei mir.

BETTLER:

Dann habt ihr nichts, Herr, was ihr mir geben könnt?
(Er lässt traurig und mutlos den Kopf sinken)

MARTINUS:

Was mache ich nur?

Ich habe kein Brot mehr in meinem Proviantsack.
Wie kann ich diesem Menschen nur helfen?
Alles, was ich habe, ist mein Mantel.
Der Kaiser hat ihn mir geliehen, als ich sein Soldat wurde.
Der Mantel!!!
Ich werde ihn teilen, dann kann der Bettler sich darin einhüllen, und er wird nicht mehr abgewiesen!
(Er teilt den Mantel mit dem Schwert)

BETTLER: (erstaunt)

Was tut ihr da, Herr?

MARTINUS:

Ich habe leider kein Brot, das ich mit dir teilen könnte.
Aber mein Mantel ist groß genug für uns beide!
Hier, nimm du die eine Hälfte, so wird der Mantel uns beide wärmen.
(Er reicht ihm das Mantelteil)

BETTLER:

Danke, Danke!
(Wickelt sich in den Mantel)

LIEDVERS: (ALLE)

*Sankt Martin, Sankt Martin,*
*Sankt Martin gibt den halben still,*
*der Bettler rasch ihm danken will.*
*Sankt Martin aber ritt in Eil*
*hinweg mit seinem Mantelteil.*

ERZÄHLER:

Martinus hängte sich die andere Hälfte seines Mantels um und ritt an dem Bettler vorbei in die Stadt hinein.

# Die heilige Barbara

Der Überlieferung nach wurde die heilige Barbara gegen Ende des dritten Jahrhunderts in Nikomedia, dem heutigen Izmit in der Türkei, geboren. Hier soll sie um das Jahr 306 den Märtyrertod erlitten haben. Andere Quellen nennen Heliopolis, das heutige Baalbek im Libanon, als ihre Geburtsstadt. Ihr Festtag ist der 4. Dezember.

Es scheint nach heutiger Forschung eher unwahrscheinlich, dass sich hinter all den Legenden, die sich um die heilige Barbara ranken, eine historische Gestalt verbirgt. Ihr Leben, Leiden und Sterben ist vielmehr beispielhaft zu verstehen. Viele Frauen und Männer wurden in den frühen Jahren der Kirche für ihren Glauben an Christus mit dem Tod bestraft. Die Gestalt der heiligen Barbara ist aber bis heute ein Vorbild im Glauben. Wie sie haben es viele erfahren, dass nichts stärker ist als Gottes Liebe.

Als Patronin wird sie bei ganz unterschiedlichen Anliegen um Beistand gebeten: Weil ihr Vater der Legende nach das Todesurteil selbst mit einem Schwert vollstreckte und unmittelbar darauf vom Blitz erschlagen wurde, wird die heilige Barbara bei Gewitter angerufen.

Die Soldaten der Artillerie haben sie zu ihrer Beschützerin erkoren. Bildnisse der Heiligen schmückten einst die Kanonen. Den Pulverraum eines französischen Kriegsschiffes nannte man „Saint-Barbe".

Da sie sich auf der Flucht vor ihrem zornigen Vater in einem Berg verborgen hielt, erbitten die Bergleute ihren besonderen Schutz. An ihrem Festtag erhalten die Bergknappen ein „Barbaralicht", und es gibt festliche Umzüge der Bergleute.

Zudem ist sie die Patronin der Türme, der Architekten und der Maurer, da sie in einem Turm lebte.

In manchen Gegenden begleitet sie auch am 6. Dezember den heiligen Nikolaus.

Die heilige Barbara gehört zu der Gruppe der „Vierzehn Nothelfer". Es sind sozusagen die populärsten Heiligen, die man um Hilfe anrufen kann. Zusammen mit der heiligen Katharina und der heiligen Marga-

rethe bezeichnet man sie auch als die „drei heiligen Madeln“ (die drei heiligen Mädchen bzw. Jungfrauen). Sie wurden in dieser Dreiheit besonders verehrt und sind auch so gemeinsam auf alten Altären dargestellt.
Die Attribute der heiligen Barbara sind der Turm, eine Fackel, der Kelch, die Hostie und manchmal auch ein Kanonenrohr.
Der bekannteste Brauch ist am Barbaratag das Schneiden eines Obstbaumzweiges, gerne eines Kirschzweiges. Die Blüten an den kahlen Zweigen, die mitten im Winter aufbrechen, wenn man den Zweig in eine Vase in der warmen Wohnung stellt, werden zu Hoffnungszeichen des Lebens.

# Legenden

## Barbara hört von Jesus

Im Haus des reichen Kaufmanns Dioskurus wuchs ein kleines Mädchen heran, das Barbara hieß. Sie war hübsch und freundlich, und ihr Vater ließ es ihr an nichts fehlen. „Wenn sie erwachsen ist“, dachte ihr Vater, „dann soll sie einmal mit einem der reichsten Söhne der Gegend verheiratet werden!“ Als sie etwas größer war, ließ ihr Vater für sie sogar ein eigenes Haus, einen Wohnturm bauen, in dem sie ein Lernzimmer und ihre eigene Wohnung haben konnte. Von dort hatte sie einen guten Blick über die Dächer der Stadt. Auch eine treue Dienerin gab er ihr zur Seite. Er bezahlte die bedeutendsten Lehrer, damit sie seine Tochter unterrichten sollten. Der Vater machte sich oft Sorgen um Barbara, er wollte sie vor allem Bösen bewahren, besonders aber vor dem neuen Glauben, der seit einiger Zeit immer mehr Anhänger gefunden hatte. Sie nannten sich Christen und glaubten an einen unsichtbaren Gott, der für sie am Kreuz gestorben war. Die Christen trafen sich nur heimlich, weil sie verfolgt wurden, dennoch wurden es immer mehr. Barbaras Vater und vielen anderen angesehenen Bürgern in der Stadt gefiel das ganz und gar nicht.
Barbara wuchs in Frieden in ihrem Turm auf und lernte gerne, was man ihr beibrachte. Einer der Lehrer erzählte ihr eines Tages von den Christen. Er sprach auch von Jesus Christus, den sie liebten und verehrten, nach dem sie sich nannten und den sie als ihren Erlöser bezeichneten. Das war so etwas ganz anderes als die Göttergeschichten, die Barbara

bislang gehört hatte. Die handelten von Zank und Hinterlist. Wenn ihr Lehrer aber die Geschichten von Jesus erzählte, wurde es ihr ganz warm ums Herz. Schließlich wollte sie mehr über diesen Jesus der Christen wissen, was ihr Lehrer über ihn sagen konnte, genügte ihr nicht. Sie wusste wohl, dass ihr Vater nicht erfreut sein würde, sollte er erfahren, wofür sich seine Tochter so brennend interessierte. Doch das hielt sie nicht davon ab, sich jemanden zu suchen, der ihr mehr über Jesus erzählen konnte. Ihre Dienerin kannte ein paar Christen, und so trafen sie sich heimlich in Barbaras Turmwohnung. Barbara hörte den Erzählungen der Christen aufmerksam zu, und was sie hörte, fiel tief in ihr Herz. Je mehr sie von Jesus erfuhr, umso größer wurde ihr Wunsch, auch zu ihm zu gehören, auch eine Christin zu sein. Ihr war klar, dass sie das heimlich tun musste. Sie wusste auch, dass ihr Vater außer sich vor Wut sein würde, sollte er je davon erfahren. Dennoch stand für sie fest: Ich will eine Christin werden, ich will zu Jesus gehören.

Sie wollte nun einen Raum im Turm zum Beten und Singen haben, in dem sie sich auch heimlich mit anderen Christen treffen konnte. Darum bat sie ihren Vater, ihr doch ein großes Badezimmer in den Turm einbauen zu lassen. Ihr Vater schöpfte keinen Verdacht, als er diese Bitte seiner Tochter hörte. Weil er bereit war, ihr beinahe jeden Wunsch von den Lippen abzulesen, ließ er ihr ein solches Zimmer bauen. Sogar zwei neue Fenster wurden dafür in die Turmmauern geschlagen. Barbara aber hieß die Bauleute noch ein drittes Fenster dazu bauen, so wollte sie immer an die Dreieinigkeit von Gott als dem Vater, Jesus Christus, seinem Sohn, und dem Heiligen Geist erinnert werden.

## Der Barbarazweig

**Eines Tages kam ein junger Mann zu Barbaras Vater.** Er hatte von der schönen und klugen Tochter des reichen Kaufmannes gehört. Er selbst

stammte aus einer der angesehensten Familien in der Stadt und bat Dioskurus um die Hand seiner Tochter. Dioskurus war froh, dass ein so reicher und stolzer junger Mann seine Tochter heiraten wollte. Sogleich ging er zu Barbara, um ihr die gute Nachricht von der baldigen Hochzeit zu überbringen. Aber zu seinem Erstaunen war Barbara gar nicht froh, als sie hörte, wen sie da heiraten sollte. Weil aber der Kaufmann bald darauf zu einer längere Reise aufbrechen musste, ließ er die Geschichte einstweilen auf sich beruhen. „Nach meiner Rückkehr“, so dachte er, „werde ich in Ruhe mit Barbara darüber reden. Inzwischen hat sie genügend Zeit, um sich an den Gedanken an eine Heirat und das Leben als Ehefrau zu gewöhnen.“

Barbara erschrak. „Nun muss ich meinem Vater erzählen, warum ich diesen jungen Mann nicht heiraten kann. Er glaubt an die Götter meines Vaters, er hasst die Christen. Wie soll ich da seine Frau werden können?“ Als Barbaras Vater von der Reise zurückgekehrt war und seine Tochter in ihrem Wohnturm aufsuchte, erfuhr er den wahren Grund für ihre Ablehnung. Der Vater war außer sich, er tobte. „Meine Tochter ist eine Christin geworden! Ich habe dich vor allem Bösen bewahren wollen, es hat dir an nichts gefehlt, und nun tust du mir diese Schande an! Du gestehst mir offen, dass du eine Christin bist und dich heimlich hast taufen lassen!“ In seiner blinden Wut kannte er keine Gnade, nicht einmal für seine eigene Tochter. Er lief zum obersten Richter der Stadt und verklagte sein eigenes Kind.

Barbara floh aus dem Turm. Sie lief zu den Toren der Stadt hinaus, immer weiter bis in die Wildnis hinein. Schließlich versperrten Felsen ihr den Weg. Ihr Vater und die Wachen verfolgten sie, sie waren ihr schon dicht auf den Fersen. Da geschah etwas Wunderbares: Die Felsen öffneten sich, ließen die Fliehende eintreten und verbargen Barbara. Doch ein Hirte, der dies mit angesehen hatte, verriet sie. Als Barbara wieder aus dem Felsen herauskam, wartete ihr Vater schon auf sie. Er schleppte sie vor den obersten Richter der Stadt. Dieser kannte keine Gnade, auch nicht für die reiche schöne Kaufmannstochter. Er verurteilte sie zum Tod und ließ sie in einen Kerker werfen, denn zu dieser Zeit galten die Christen als Verräter.

Auf dem Weg in das Verließ kam Barbara an einem Kirschbaum vorbei. Es war Winter, sie brach sich einen der kahlen Zweige ab und trug ihn mit sich in ihr Gefängnis. Dort stellte sie ihn in den Wasserkrug, den man ihr gab, damit sie daraus trinken konnte. Da fingen die Knospen mitten im Winter an, in diesem dunklen und kalten Verließ Blüten zu treiben. Auf diese Weise wurde Barbara getröstet und sie fasste Zuversicht. „Wenn die Knospen mitten im Winter treiben können, auch wenn der Zweig wie tot aussieht, dann wird es ein Leben geben, das stärker ist als der Tod!“, dachte sie. In ihrem Herzen wusste sie gewiss:

Auch wenn man sie nun zum Tod verurteilt hatte, konnte dies sie nicht von Gottes Liebe und dem Leben trennen, das auf sie warten würde, wenn sie gestorben war.

# Bräuche

## Barbarazweige schneiden

**Am Barbaratag werden nach alter Sitte Kirschzweige ins Haus geholt und in lauwarmes Wasser gestellt.** Damit folgt der Brauch der Legende, wonach Barbara einen winterlichen Kirschzweig mit in ihr Gefängnis nahm, der dort in ihrem Wasserkrug Blüten trieb. Der kahle Zweig wird zum blühenden Hoffnungsträger für Barbara: Gottes Liebe wird die Kälte und den Tod auch in Barbaras Leben besiegen.

Wenn man die Zweige abschneidet, sollten sie die ersten Frostnächte schon erlebt haben, sonst blühen sie nicht auf. Das Wasser in der Vase muss jeden dritten Tag erneuert werden. Nun warten nicht nur die Kinder gespannt darauf, ob sich auch wirklich bis zum 24.12. die grünen Spitzen hervorschieben und der Zweig vielleicht sogar anfängt zu blühen. Die grünenden Zweige sind auch für uns ein sichtbares Zeichen dafür, dass das Leben auch den Todesschlaf des Winters überdauert hat. Es hat in den Zweigen geschlummert, die nun in der Wärme des Zimmers anfangen zu grünen und zu blühen. Sie sind ein Zeichen für das neue Leben, das uns Menschen durch die Geburt des Jesuskindes geschenkt ist.
Anstelle des Kirschbaumes kann man auch Zweige von Apfel, Birne, Weichsel, Kastanie, Mandel oder Forsythie nehmen.

## Bauernregeln

Auch zum Festtag der heiligen Barbara gibt es einige Bauernregeln:

„Geht Barbara im Klee,
kommt's Christkind im Schnee."

„Barbara im weißen Kleid
verkündet gute Sommerzeit."

„Sankt Barbara kalt und mit Schnee,
verspricht viel Korn auf jeder Höh."

„Knospen an Sankt Barbara,
sind zum Christfest Blüten da."

# Gedichte und Lieder

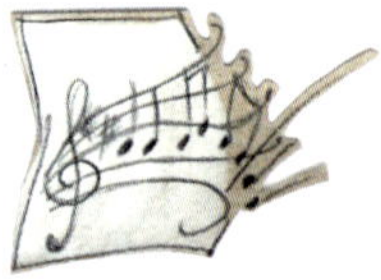

## Am Barbaratag

Geh in den Garten
am Barbaratag
Geh zum kahlen Kirschbaum
und sag:

Kurz ist der Tag,
grau ist die Zeit.
Der Winter beginnt,
der Frühling ist weit.

Doch in drei Wochen,
da wird es geschehn:
Wir feiern ein Fest
wie der Frühling so schön.

Baum, einen Zweig
gib du mir von dir.
Ist er auch kahl,
ich nehm ihn mit mir.

Und er wird blühen
in seliger Pracht
mitten im Winter,
in der heiligen Nacht.

JOSEF GUGGENMOS

# Am Tage von Sankt Barbara

Am Tage von Sankt Barbara,
da geht das Jahr zur Neige.
Dann trag ins Haus, von fern und nah,
die kahlen Kirschbaumzweige!
Am Tage von Sankt Barbara
stell Zweige in dein Zimmer!
Dann lacht zur Weihnacht, hier und da,
ein weißer Blütenschimmer.

JAMES KRÜSS

# Barbara-Tag

Um den Kirschbaum weht der Wind,
Schnee stiebt von den Zweigen,
aber warte nur, mein Kind,
Wunder will ich zeigen.

Im Verborgnen steigt der Saft
in den stillen Tagen,
jedes Zweiglein spürt die Kraft
und will Blüten tragen.

MARIANNE GARFF

# Barbarazweige

Text: Rolf Krenzer Melodie: Martin Göth

Refrain:
Barbarazweige im Winter,
stellt sie ins Wasser und wartet darauf:
Barbarazweige, ihr Kinder,
blühen zu Weihnachten auf.

2. Stellt die Zweige in die Vase!
Lasst sie ruhig stehn!
Winterzweige in der Vase,
was wird wohl geschehn?

Refrain:
Barbarazweige im Winter...

3. Gebt den Zweigen auch zu trinken,
weil sie durstig sind.
Und die Zweige spüren nicht
den kalten Winterwind.

Refrain:
Barbarazweige im Winter...

4. Wartet bis zum Weihnachtsabend,
wartet nur darauf,
denn dann springen alle Knospen
an den Zweigen auf.

Refrain:
Barbarazweige im Winter...

Rolf Krenzer

# Wir messen mit knospenden Zweigen die Zeit

Text: Wilhelm Willms Melodie: Winfried Heurich

2 Wir hüten die Blüten in unserem Haus,
sie sagen im Winter den Frühling voraus.

3. Wir trauen dem Zeichen, dem Zweig und dem Kind,
wenn wir im Dunkeln beisammen sind.

4. Wir messen mit knospenden Zweigen die Zeit,
vom Knospen zum Blühen ist es nicht mehr weit.

# Alle Knospen springen auf

Text: Wilhelm Willms  Melodie: Ludger Edelkötter

2. Alle Menschen auf der Welt fangen an zu teilen.
Alle Wunden auf der Welt fangen an zu heilen.
Menschen teilen, Wunden heilen,
Knospen blühen, Nächte glühen.

3. Alle Augen springen auf, fangen an zu sehen.
Alle Lahmen stehen auf, fangen an zu gehen.
Augen sehen, Lahme gehen,
Menschen teilen, Wunden heilen,
Knospen blühen, Nächte glühen.

4. Alle Stummen hier und da fangen an zu grüßen.
Alle Mauern tot und hart werden weich und fließen.
Stumme grüßen, Mauern fließen,
Augen sehen, Lahme gehen,
Menschen teilen, Wunden heilen,
Knospen blühen, Nächte glühen.

# Basteln und schmücken

## Tischlaterne „Turm“

**Neben der Vase mit dem Barbarazweig kann auch noch eine Tischlaterne stehen.** Sie erinnert uns an den Turm, in dem Barbara gelebt hat.

### DAS BRAUCHT MAN

Braunes Tonpapier, Schere, Transparentpapier, Kleber, Stumpenkerze oder Teelicht

### UND SO GEHT'S

Aus braunem Tonpapier schneiden wir einen Turm aus, der drei Fensteröffnungen bekommt.
Die einzelnen Fenster werden (in unterschiedlichen Farben) mit Transparentpapier hinterklebt, dann wird der Turm zusammengeklebt. Eine kleine Stumpenkerze oder ein Teelicht auf einem Untersetzter erleuchten den Barbaraturm von innen her.

## Adonisgärtlein

**Es ist ein schöner alter Brauch, am Barbaratag Weizen in einer Schale auszusäen.** Wenn der Weizen anfängt zu sprießen, nennt man ihn auch das „Adonisgärtlein“. Bis zur Weihnacht kann eine kleine grüne Wiese wachsen, die dann in der Krippenlandschaft zwischen dem Moos ihren Platz findet.

### SO GEHT'S

Den Weizen am Barbaratag über Nacht in einer Schale mit Wasser einweichen, am anderen Tag auf einen mit Fließpapier ausgelegten Teller geben und immer gut feucht halten. Nach ein paar Tagen zeigen sich die ersten kleinen Keime, und bis Weihnachten ist daraus eine grüne „Wiese“ gewachsen, ein Zeichen dafür, dass das Leben auch im kalten Winter weitergeht.

# Barbara-Gebäck

**Mit einem Ausstecher in Form einer Frau können leckere Barbaraplätzchen gebacken werden.** Wer mag, verziert die kleinen Barbaras liebevoll mit Zuckerguss und bunten Streuseln oder Zuckerschrift, sodass sie in ihren schönen Kleidern an die reiche und schöne Kaufmannstochter erinnern.

### ZUTATEN

350 g Mehl, 200 g gemahlene Haselnüsse, 250 g Butter, 125 g Zucker, ½ TL Zimt, 1 Prise Salz, 1 Ei, ½ TL Backpulver, 1 Päckchen Vanillezucker, 1 Eigelb, etwas Milch zum Bestreichen
Zuckerguss und/oder Zuckerschrift, Zuckerperlen und Ähnliches zum Verzieren

### UND SO GEHT'S

Alle Zutaten zu einem Knetteig verarbeiten.
Den Teig etwa eine Stunde im Kühlschrank ruhen lassen. Auf einer mit Mehl bestäubten Fläche ausrollen und kleine Frauenfiguren ausstechen. Die Figuren auf ein mit Backpapier ausgelegtes Backblech legen, 1 Eigelb mit etwas Milch verquirlen und damit die Figuren bestreichen. Die Plätzchen 10 Minuten bei 180°C backen, bis sie goldbraun sind. Nach dem Abkühlen verzieren.

# Der heilige Nikolaus

So außerordentlich bekannt und beliebt der heilige Nikolaus auch ist, so mag es doch überraschen, dass es schwer ist, seine Gestalt historisch einwandfrei nachzuweisen. Die Legende nennt zwar einen Bischof Nikolaus aus Myra in Lykien, der um 270 in Patras als Sohn reicher Eltern geboren wurde. Angeblich starb er im Jahr 342. Aber diese Legende ist bis heute unbewiesen. Wirklich gesichert ist nur, dass es wahrscheinlich einen Bischof in Myra gab, den man Nikolaus nannte. Von ihm wurde in Myra und später darüber hinaus in der Ostkirche, seit dem 7./8. Jahrhundert auch in der Westkirche erzählt, und er wurde vom Volk verehrt. Man geht heute davon aus, dass in der Gestalt des heiligen Nikolaus, so wie wir ihn heute kennen, eigentlich die Legenden zweier Männer unentwirrbar miteinander verwoben sind. Es kann sogar sein, dass der Name „Nikolaus" gar nicht sein ursprünglicher Name war, sondern er diesen als eine Art Ehrenbezeichnung erhielt. „Niko" heißt übersetzt „Sieg", und das Wort „laos" bedeutet im Griechischen „Volk". Nikolaos bedeutet also „Sieg des Volkes" und könnte ein Titel sein für einen, der sich in besonderer Weise für sein Volk eingesetzt hat.

Die Legenden erzählen in vielfältiger Weise von den Wundern, die er schon zu Lebzeiten wirkte, und von seiner Liebe zu den Menschen. Er stirbt hoch betagt schließlich eines natürlichen Todes und wird nicht als Märtyrer verehrt, sondern weil er sein Leben lang seinen Glauben an Christus bekannt und gelebt hat. Wie ein roter Faden zieht sich durch alle Legenden seine Liebe zu den Menschen, seine selbstverständliche Nähe und Fürsorge und sein unerschütterliches Gottvertrauen. Darin ist er uns Vorbild, auch heute noch. So hat sein Andenken all die Jahrhunderte überdauert. Schützen wir ihn heute davor, mit dem rotgewandeten Weihnachtsmann verwechselt zu werden, der auf den Weihnachtsmärkten landauf, landab mit weißem Lockenbart präsent ist. Wie schön, dass es seit ein paar Jahren sogar „echte" Schokoladennikoläuse gibt: im Bischofsgewand und mit Mitra!

Der heilige Nikolaus wird auf Darstellungen stets in der Kleidung des Bischofs dargestellt, mit Mitra und Bischofsstab. Drei goldene Kugeln symbolisieren die dreimaligen Geldgeschenke für drei junge Frauen. Einer anderen Legende folgend, sind manchmal auch drei Knaben in einem Badezuber sitzend neben ihm dargestellt. Ein Buch als Attribut weist ihn als einen gelehrten Mann aus. Wieder andere Darstellungen zeigen ihn mit einem Bündel Kornähren in der Hand, einer Anspielung auf das Kornwunder.
Der heilige Nikolaus gehört wie Sankt Martin zu den vierzehn Nothelfern und ist sicherlich unter ihnen einer der populärsten Heiligen überhaupt. Er ist unter anderem der Patron der Seefahrer. Überall dort, wo man früher als Seefahrer der Hanse einen größeren Hafen ansteuerte, fand sich in der Regel auch eine dem heiligen Nikolaus geweihte Kirche. Vielerorts sind dort noch heute prächtige Schiffsmodelle alter Segelschiffe zu bewundern. Es sind sogenannte Votivgaben, die aus Dankbarkeit für die Bewahrung auf der gefahrvollen Seereise von den Menschen gespendet wurden.
Ganz besonders aber ist er der Patron der Schüler und aller Kinder. Auch wenn die historische Forschung keinen eindeutig „gesicherten" Nikolaus in der fernen Vergangenheit ausfindig machen kann: In den Herzen der Kinder lebt er weiter.

# Legenden

## Nikolaus hilft drei Schwestern

**Nikolaus war ein Kind reicher Eltern, es fehlte ihm an nichts.** Von seiner Mutter hatte er früh gelernt, wie wichtig es war, zu teilen und trotz des eigenen Reichtums die Armen in der Stadt nicht zu vergessen. So verlebte der kleine Nikolaus eine unbeschwerte Kindheit. Doch auch er lernte bald Kummer und Traurigkeit kennen, denn seine Eltern starben, als er noch jung war. Aber bei all der Trauer behielt Nikolaus in seinem Herzen, was sie ihn gelehrt hatten: „Teile, was du hast, und gib gerne ab von dem, was du bekommen hast."
Als er ein junger Mann war, ging er manchmal, wenn er nicht schlafen konnte, durch die nächtlichen Straßen seiner schönen Stadt. Auch dort gab es abseits der prächtigen Häuser der Reichen die kleinen, engen

Gassen der ärmeren Leute. Wer sich dort am Tag nicht traute, seinen Kummer zu beweinen, der tat es im Schutz der Nacht, und Nikolaus hörte so manche Klage, wenn er umherwanderte. Dann versuchte er zu helfen, legte hier und da heimlich ein Geldstück auf die Schwelle des Hauses oder ein Säckchen mit Nahrungsmitteln vor die Tür.
Eines Nachts kam er wieder einmal an einem alten Haus vorbei. Er wusste, wer darin wohnte. Es war ein angesehener, adliger Mann mit seinen drei hübschen Töchtern. Einst hatten sie ein gutes Leben führen können. Aber durch Missernten und schwere Verluste hatten sie all ihr Vermögen verloren. Jedes der Mädchen kannte einen hübschen Burschen aus der Stadt, überdies noch aus adliger Familie, der sie von Herzen liebte, und sie träumten davon, endlich heiraten zu können. Manchmal, wenn sie wach lagen, erzählten sie einander davon, wie schön ihre Brautkleider wohl sein würden. Doch ihr Vater machte sich große Sorgen. Wenn er seinen Mädchen kein Vermögen mitgeben konnte, so würden sie auch nicht heiraten können. Kein junger Mann aus reichem Haus konnte ein armes Mädchen zur Frau nehmen, so war es damals der Brauch. Als seine Töchter nun zu ihm kamen, um mit ihrem Vater über die Hochzeit zu reden, da musste er ihnen schweren Herzens sagen, wie schlecht es um diese Pläne stand. Wie verzweifelt waren da die Mädchen! „Ich weiß mir keinen Rat, meine Töchter, wenn nicht ein Wunder geschieht, so muss ich euch als Dienstmägde an reiche Herrschaften verkaufen, damit ihr wenigsten ein Dach über dem Kopf und zu essen habt." Traurig legten sich die Mädchen an diesem Abend zu Bett. Nikolaus hatte das Gespräch mit angehört, als er an dem Haus der Familie vorbeigekommen war. Er hörte die Mädchen in ihren Schlafkammern weinen, bis sie einschliefen, hörte die Schritte des Vaters, der voller Sorge in seinem Haus auf und ab ging.
Nikolaus eilte nach Hause. Er wollte den Mädchen helfen. Noch in der gleichen Nacht kam er wieder zurück zu dem Haus. Er trug ein Säckchen mit Goldstücken bei sich, der Inhalt würde reichen, damit eine der Töchter ihren Bräutigam heiraten konnte. Nikolaus warf es heimlich über die Gartenmauer in den Garten, der zu dem Haus gehörte. Am anderen Morgen fand eines der Mädchen das Säckchen. Sie traute ihren Augen kaum, als sie sah, was es enthielt. Auch die anderen Mädchen wunderten sich, ebenso ihr Vater. Sie konnten sich nicht vorstellen, wer ihnen da zur Hilfe geeilt war. In der darauffolgenden Nacht kam Nikolaus wieder zu dem Haus und warf wieder ein Goldsäckchen über die hohe Gartenmauer. Da sagte der Vater: „In der nächsten Nacht werde ich wach bleiben und aufpassen, vielleicht kommt unser Wohltäter noch einmal und ich sehe, wer es wohl sein mag." So kam es, dass in dieser Nacht Nikolaus nicht unentdeckt blieb, als er das dritte Säckchen mit Gold über die Gartenmauer warf. Der Vater der Mädchen eilte

herbei, hielt den heimlichen Geber am Arm fest und wusste kaum, wie er Nikolaus für seine guten Gaben danken sollte. Aber der wurde ganz verlegen und erbat sich nur, der Mann möge es niemandem sagen, denn er, Nikolaus, wolle unerkannt bleiben und gebe doch nur, wovon er genug habe, um anderen ein wenig zu helfen.
So half Nikolaus den drei Töchtern des Mannes. Sie konnten ihre Liebsten heiraten, und die Gabe des Nikolaus bewahrte sie davor, dass sie als Dienstmägde verkauft wurden. Auf diese und ähnliche Weise half Nikolaus, wo er konnte, und linderte die Not der Menschen in seiner Stadt.

## Nikolaus wird Bischof

In der Stadt Myra war der alte Bischof gestorben. Nachdem er mit allen Ehren beerdigt worden war, kamen die Bischöfe des Landes in Myra zusammen, um einen Nachfolger zu wählen. Sie berieten lange, wer der Richtige sein könnte. Aber sie waren nicht einig untereinander. Sprachen sich die einen für diesen aus, so lehnten ihn die anderen ab. Als sie nach mehreren Tagen noch immer keinen Mann gefunden hatten, der ihnen allen für dieses Amt geeignet erschien, sprach schließlich einer der versammelten Bischöfe: „Wir sind mit unseren Überlegungen am Ende. Ich denke, wir sollten uns besinnen und Gott bitten, uns den richtigen Mann zu zeigen, der in Myra Bischof werden soll." Die anderen Bischöfe waren damit einverstanden. Sie feierten den Abendgottesdienst miteinander, dann ging ein jeder von ihnen zur Ruhe. Am nächsten Tag wollten sie sich wieder in aller Frühe, noch vor der ersten Messe in der Kirche versammeln.
In dieser Nacht hörte einer der Bischöfe eine Stimme, die sagte: „Geh noch vor Tagesanbruch zum Dom, warte dort im Vorraum beim Eingang. Derjenige, der als Erstes das Gotteshaus betritt, um zur Messe zu gehen, soll der neue Bischof sein. Sein Name ist Nikolaus. Diesen sollt ihr zum Bischof von Myra weihen." Erstaunt erwachte der Bischof, aber er vertraute dem Traum, denn er glaubte, Gottes Stimme gehört zu haben. Als sich die Bischöfe in aller Frühe im Dom versammelten, erzählte er den anderen von seinem Traum. Sie wunderten sich sehr, beschlossen aber ebenfalls, auf diese Weisung zu vertrauen. Der Bischof, der den Traum gehabt hatte, wartete nun am Eingang, während die übrigen am Altar beteten. Als die ersten Glocken zur Messe läuteten kam ein junger Mann die Stufen zum Dom hinauf. Er wollte in die Kir-

che gehen, um in der Ruhe des Morgens zu beten. Wie staunte er, als er am Eingang von einem der Bischöfe aufgehalten wurde. „Wie heißt du?“, fragte der Bischof den verwundert dreinblickenden jungen Mann. „Ich heiße Nikolaus“, antwortete dieser. „Dann folge mir, ich habe dir etwas sehr Wichtiges zu sagen!“, sprach der Bischof. Nikolaus folgte dem Bischof in das Innere des Doms. Es war noch ganz dunkel. Kein Mensch war zu sehen. Nur der vordere Teil der Kirche war mit vielen Kerzen erleuchtet. Gesang erschallte durch den Dom und die Wände warfen den Widerhall ihrer Schritte zurück. Nikolaus wurde vor die Versammlung der Bischöfe geführt. Er verstand nicht, was er hier bei diesen ehrwürdigen Männern sollte. Da erhob der Bischof seine Stimme, der ihn vom Domtor hierher gebracht hatte, und sprach: „Meine lieben Brüder, liebe Bischöfe! Dies ist Nikolaus, von dem mir Gott im Traum berichtet hat. Er soll der neue Bischof von Myra werden!“ Da waren alle erfreut, und noch am selben Tag wurden die Vorbereitungen getroffen, damit Nikolaus zum Bischof geweiht werden konnte. Das Volk, das in Scharen in den Dom strömte, erkannte „seinen“ Nikolaus, den Mann, der schon früher in ihrer Stadt Gutes getan hatte. Sie waren froh, dass Gott ihnen einen so guten Bischof gegeben hatte.

# Die wundersame Kornvermehrung

**Eines Tages brach eine schwere Hungersnot in Lykien aus, der Gegend, in der Bischof Nikolaus lebte.** Die Kornvorräte in den großen Getreidespeichern der Stadt Myra schwanden dahin. Bald konnten die Bäcker kein Brot mehr backen. Die Mütter und Väter waren verzweifelt, ihre Kinder baten sie um Brot, aber sie konnten ihnen keines geben. Bischof Nikolaus ging in dieser Zeit voller Sorge durch die Gassen seiner Stadt und sah bekümmert das Elend der Menschen. Er half, wo er konnte, aber die Not war kaum noch zu lindern.

Da rannte ihm eines Tages ein kleiner Junge entgegen. Schon von Weitem rief er dem Bischof etwas zu. Außer Atem blieb er vor Nikolaus stehen: „Bischof Nikolaus, Bischof Nikolaus! Schnell, du musst zum Hafen kommen! Dort liegen große Getreideschiffe vor Anker!" Mit eiligen Schritten folgte der Bischof dem Jungen bis zum Hafen. Richtig, dort hatten Schiffe aus dem fernen Alexandrien angelegt. Viele Bewohner der Stadt Myra standen schon an der Hafenmauer und riefen hinüber, man solle ihnen doch etwas Korn verkaufen. Aber die Seeleute wollten nicht. Wie froh waren da die Menschen, als sie sahen, dass sich ihr Bischof Nikolaus einen Weg durch die Menge bahnte. Er blieb bei dem Ersten der Schiffe stehen und wünschte den Kapitän zu sprechen. Schließlich legten die Seeleute eine breite Planke von der Reling des Schiffes bis an die Hafenmauer, sodass sie für den Bischof Nikolaus zur Brücke wurde.

Er ging an Bord und sprach lange mit dem Kapitän. Er erzählte von der Hungersnot, vom Elend in der Stadt und seiner Sorge um die Menschen. Er bat den Kapitän inständig, er möge doch von jedem der Schiffe etwas

Korn für die hungernden Menschen von Myra abgeben. Aber der Kapitän, ein rauer Seemann, schüttelte den Kopf: „Die Fracht ist genau gewogen, und ich muss sie in Konstantinopel abliefern. Fehlt mir auch nur ein Maß voll an Körnern, so werde ich hart bestraft. Ich kann euch nichts abgeben, auch wenn ich es noch so gerne wollte!"
Da antwortete ihm der heilige Nikolaus: „Wenn du mir von jedem Schiff hundert Scheffel Körner gibst, so verspreche ich dir, wird dir dennoch nichts an deiner Fracht fehlen, wenn du in Konstantinopel ankommst, du wirst keine Strafe bekommen. Vertraue du mir so, wie ich Gott vertraue!" „Wie aber soll das geschehen?", fragte der Kapitän. Nikolaus sah ihn fest an und streckte dem Kapitän die Hand hin: „Es wird geschehen, ich glaube ganz fest daran!" Da ergriff der Kapitän die Hand des Bischofs und sprach: „Ich vertraue dir, Bischof Nikolaus! Ich werde meinen Männern befehlen, je hundert Scheffel Körner abzufüllen. Aber wird das genügen für all die Menschen in deiner Stadt, die Hunger leiden?" Da antwortete ihm der heilige Nikolaus: „Es wird genügen. So wie du keinen Schaden haben wirst an deiner Fracht, so werden wir mit deiner Gabe reichlich genug haben, weil Gott uns alle versorgt. Ich danke dir, dass du mit uns teilen willst." Dann verabschiedete er sich und verließ das Schiff. Die Menschen hielten vor gespannter Erwartung den Atem an. Was hatte der Bischof mit dem Kapitän besprochen? Würde er ihnen helfen? Es war ganz still geworden. Alle warteten, was ihr Bischof ihnen zu sagen hatte.

„Hört all her! Schickt die kräftigsten Männer von Myra zu mir. Der Kapitän hat uns versprochen, von jedem der Schiffe hundert Scheffel voll Korn abzufüllen, um unsere Not zu lindern. Wir werden das Korn in unsere Vorratsspeicher bringen, kein einziges soll auf dem Weg dorthin verlorengehen! Dann werden wir sorgsam mit dieser Gabe umgehen und sie gerecht verteilen. Mit Gottes Hilfe wird es reichen, bis unsere Not ein Ende hat und wir wieder selbst genug ernten können!" Da brach ein unbeschreiblicher Jubel aus. Eilig wurden leere Getreidesäcke herbeigeschafft, die Menschen bildeten eine Gasse, alle wollten sie es sehen, wie die vielen Säcke in den leeren Kornspeicher geschafft wurden. Dort wartete der Bischof selbst auf die Lasten und ließ jeden Kornsack aufschreiben, der hineingetragen wurde.
Nach einigen Tagen legten die Schiffe wieder ab. Als sie am Ende ihrer Fahrt in Konstantinopel angekommen waren und ihre Fracht abluden, da fehlte nichts, auch nicht ein Maß voll. So war eingetroffen, was Nikolaus versprochen hatte, und der Kapitän dachte voller Dankbarkeit und Staunen an den Bischof in der fernen Stadt Myra.
Den Menschen in Myra reichte der Vorrat an Körnern auf wundersame Weise zwei Jahre lang, auch wenn es nicht viel war. Sie teilten ihn gerecht

miteinander. Am Ende hatten sie sogar noch genug, um ihre Felder zu bestellen und die Saat auszubringen. Nach dieser Zeit war die Hungersnot vorbei. Die Menschen in Myra aber haben nie vergessen, wie ihnen ihr Bischof geholfen und sie mit Gottes Hilfe aus großer Not gerettet hatte.

# Bischof Nikolaus erscheint den Seefahrern

Einmal geriet ein Schiff auf dem weiten Meer in große Not. Der Sturm tobte, die Wellen schlugen bis über die Bordwand, die Segel hingen schon in Fetzen, und der Mast drohte zu brechen. Wie eine Nussschale war das kräftige Schiff dem Meer und dem tosenden Sturm hilflos ausgeliefert. Da erinnerte sich einer der Seeleute an den Bischof Nikolaus aus der Stadt Myra. Er kannte ihn selbst nicht, aber er hatte gehört, dass er schon so viele Male den Menschen in ihrer Not geholfen hatte. Und so schrie er in seiner Verzweiflung und Todesangst in den brüllenden Sturm hinein: „Ach, wenn nur der Bischof Nikolaus jetzt hier wäre!"

Nach einer kleinen Weile bemerkten die Seeleute einen fremder Mann an Bord des schwankenden Schiffes. Er packte mit an, wo Not am Mann war. Er half die zerfetzten Segel festzuziehen, das Wasser auszuschöpfen und sprach ihnen allen Mut zu. Doch in der großen Aufregung, die herrschte, kam niemand auf den Gedanken, ihn nach seinem Namen zu fragen, oder danach, woher er denn gekommen war. Als der Sturm sich gelegt hatte und die erschöpften Männer sich bei ihm für seine Hilfe bedanken wollten, befand er sich nicht mehr unter ihnen, doch war er auch sicherlich nicht über Bord gespült worden. Allmählich kamen die Seeleute wieder zur Besinnung, und es fragte einer den anderen, wer der Mann wohl gewesen sei, der ihnen in ihrer Not beigestanden hatte. Doch keiner von ihnen kannte ihn, keiner hatte ihn je zuvor gesehen. Einige Zeit später ging das Schiff im Hafen von Myra vor Anker. Da ging die ganze Schiffsmannschaft in den Dom, um Gott für ihre wunderbare Rettung zu danken. Wie groß war aber da ihr Erstaunen, als sie dort den Mann wiedersahen, der ihnen in dem schrecklichen Sturm geholfen hatte. Aber noch größer war ihre Verwunderung, als sie erkennen mussten, dass es der Bischof Nikolaus selbst war.

# Wie Nikolaus den armen Kindern half

**Auch als Nikolaus schon Bischof von Myra war, ging er immer noch gerne unerkannt durch die Straßen der Stadt, weil er sehen wollte, wie es den Menschen ging.** Damals lebte in der Stadt Myra ein Vater, der hatte vier Söhne und zwei Töchter. Die Mutter der Kinder war gestorben. Da geschah es, dass der Vater selbst schwer erkrankte, sodass er nicht arbeiten gehen und kein Geld für sich und seine Kinder verdienen konnte. Nun gingen die beiden ältesten Söhne in die Stadt, um sich dort etwas Geld als Schuhputzer zu verdienen, während die Mädchen daheim bei den jüngeren Brüdern blieben. Sie setzten sich auf den Marktplatz und breiteten ihre Bürsten und ihr Schuhfett ordentlich auf einem Tuch aus. Es dauerte auch gar nicht lange, da kamen schon die ersten Kunden daher, ließen sich ihre Schuhe vom Staub der Straße säubern und fein putzen und gaben den Jungen ein paar kleine Münzen dafür. Die Jungen waren froh, als sie am Abend die verdienten Münzen dem Vater auf den Tisch schütten konnten. Aber es war nicht viel und reichte gerade mehr schlecht als recht, sodass sie für die Familie etwas zu essen kaufen konnten. Jeden Tag zogen sie nun auf den Markt und boten ihre Dienste an. Sie putzten fleißig, und die Menschen kamen gerne zu ihnen.

Ein Mann kam beinahe jeden Tag. Er sprach freundlich mit ihnen und ließ jedes Mal eine große Münze in die Mütze der Jungen fallen. Einmal fragte er sie nach ihren Namen, ein anderes Mal wollte er wissen, wo sie denn wohnten und wer ihr Vater sei. Und wieder ein anderes Mal erzählten sie ihm, dass daheim noch zwei jüngere Brüder und zwei Schwestern bei dem kranken Vater seien, dass dieser nicht zur Arbeit gehen konnte und sie darum an seiner Stelle Geld verdienen müssten. Die Jungen erzählten dies alles dem freundlichen Mann, während sie seine Schuhe bürsteten und polierten.
Einige Zeit darauf fanden die Jungen am Morgen einen Sack vor ihrer Haustür liegen und wunderten sich, wer ihn wohl dorthin gelegt haben mochte. Sie trugen ihn ins Haus, und als sie ihn öffneten, fanden sie darin Brot, Obst und Gemüse. Sie zeigten es dem Vater, der freute sich mit ihnen und sagte: „Jemand meint es gut mit uns, jemand sorgt für uns, wir wollen Gott dafür dankbar sein!“
Am nächsten Tag fanden die Jungen wieder einen Sack vor ihrer Tür liegen, diesmal enthielt er keine Nahrungsmittel, sondern Kleidung für alle Kinder. Gleich wurde angezogen und ausprobiert – die schönen Kleider

passten ihnen genau. Der Vater wunderte sich und konnte sich kaum vorstellen, wer ihnen diese guten Gaben vor die Tür gelegt haben mochte. In der Frühe des nächsten Morgens versteckten sich die großen Jungen und der Vater an der Eingangstür und warteten, ob wohl wieder ein Sack vor ihre Türe gelegt werden würde, denn dieses Mal wollten sie den Geber sehen, um sich bei ihm zu bedanken. Sie mussten gar nicht lange warten, da sahen sie einen Mann durch die stille Gasse daherkommen. Er trug wieder einen Sack voller Gaben mit sich und steuerte geradewegs auf ihr Haus zu. Die beiden ältesten Jungen wurden ganz aufgeregt, als sie in ihm den Mann erkannten, der mit ihnen am Marktplatz geredet und dem sie von ihrer Not erzählt hatten. Sie flüsterten es auch gleich dem Vater zu. Der aber hieß sie still sein und abzuwarten. Der Mann kam zum Haus, legte den Sack in aller Stille vor der Haustüre ab, dann wandte er sich um und wollte gehen. Der Vater hatte ihn aber erkannt, denn es war kein anderer als der Bischof Nikolaus selbst, der im Morgengrauen umhergegangen war. Da trat der Vater auf ihn zu, fasste seine Hand und bedankte sich auf das Herzlichste für die Gaben.

# Bräuche

## Die Stiefel vor die Tür stellen

**Große und Kleine wissen es genau: Am 5. Dezember stellen wir unsere Stiefel, selbstverständlich frisch geputzt, vor die Türen.** Manchmal können es auch Schalen sein oder große Stoffsocken. Was auch immer aufgestellt oder aufgehängt wird, stets ist damit die Hoffnung verbunden, am anderen Morgen darin eine kleine Überraschung zu finden. Und dann wissen wir es wieder: Sankt Nikolaus war hier, er hat an uns gedacht!
In den vielen Legenden vom heiligen Nikolaus ist immer wieder davon die Rede, dass er den Menschen zur Hilfe kommt, ihre Not erkennt und sie aus scheinbar ausweglosen Situationen errettet. So ist auch er einer der „vierzehn Nothelfer“ wie der heilige Martin. Kein Wunder also, dass uns dieser Heilige wie kaum ein anderer vertraut ist, sein Erscheinen und seine Gaben so ersehnt werden.

## Sankt Nikolaus kommt ins Haus

Kommt der Nikolaus aber dann doch „leibhaftig“, dargestellt von einem „Stellvertreter“, also jemandem, der sich als Nikolaus verkleidet, so wird er nie ohne seine wichtigsten Attribute erscheinen: Bischofsmantel und Mitra, die Kopfbedeckung eines Bischofs, sind das wohl deutlichste Unterscheidungsmerkmal zu dem rotgewandeten Weihnachtsmann mit Pelzmütze. In einem Sack hat er die Gaben für die Kinder mitgebracht. Aus seinem „goldenen Buch“ liest er die Taten und gelegentlich wohl auch die Untaten der Kinder vor, seine Rute hat er stets griffbereit. Bischofskleidung und der Sack mit den Gaben erklären sich leicht, was aber hat es mit dem „goldene Buch“ und der Rute auf sich?

## Die guten Gaben

Traditionell brachte der Nikolaus vor allem das, was zum Leben nötig ist. Wenn wir an lang vergangene Zeiten denken, so erscheinen uns daher Gaben wie Äpfel, Nüsse und Lebkuchen als sehr sinnvoll. Sie enthalten Vitamine, Fett und Kalorien und sind den Winter über haltbar. Besonders die Ärmeren in der Bevölkerung bekamen ursprünglich diese Gaben, eben diejenigen, deren Vorratskammern nicht gefüllt waren. Im Sinn des heiligen Nikolaus die Not der anderen zu lindern, wurde auf diese Weise ganz praktisch gelebt. Es wurden vor allem die Kinder beschenkt, sie waren und sind die sichtbare Zukunft einer Gemeinschaft. Sie gut zu versorgen mit dem, was sie zum Leben brauchen, ist eine der wichtigsten Aufgaben einer Gesellschaft. Den Nikolausabend als Schenktermin für Kinder gibt es vermutlich seit dem 13./14. Jahrhundert. In dieser Zeit erlangte der heilige Nikolaus seine große Popularität. Später verlagerte man den Schenktag auf das Weihnachtsfest. Doch hielt sich in den Niederlanden bis heute der alte Brauch am 6. Dezember, wenn „Sinte Claas“ durch den Schornstein seine Geschenke hinunterwirft.

Das Besondere am heiligen Nikolaus ist, dass er in aller Heimlichkeit schenkt. Seine Gaben kommen mitten in der Nacht, auch durch verschlossene Türen finden sie sicher ihren Weg zu den Adressaten. Stellvertretend für den Heiligen schenken wir einander etwas, so wie der Heilige selbst das gab, was ihm von Gott gegeben wurde. Er schenkte aus Liebe, weil er sich selbst geliebt und beschenkt wusste.

## Die Rute

**Und wie ist es mit der Rute?** Was bedeutet dieser Büschel harter Zweige wirklich, mit der so vielen Kindern gedroht wurde und vielleicht noch gedroht wird: „Entweder bringt der Nikolaus ein Geschenk, oder du spürst die Rute!“
Hierbei handelt es sich eigentlich nicht um ein handliches Instrument zur Körperzüchtigung, sondern vielmehr um ein altes Fruchtbarkeitssymbol. Mit der Rute wurde „gefitzelt“, das heißt gekitzelt: Die Lebensgeister sollten geweckt werden. In manchen Gegenden ist dies an Ostern der Brauch, wenn man sich gegenseitig symbolisch mit Weidenruten „schlägt“. Dies ist kein kirchlicher Brauch, und über die vielen Jahrhunderte hin ging das Verständnis dafür verloren. Wer also mit der Rute des Nikolaus berührt wird, der wird nicht bestraft, sondern in ihm soll allenfalls etwas geweckt werden.

## Das goldene Buch

**Das „goldene Buch“ gab es auch in anderen, früheren Kulturen.** Sogar bei den alten Ägyptern kannte man einen Gott, der die Taten der Menschen in einem solchen verzeichnete. Wenn nun der heilige Nikolaus auch so ein Buch hat, dann muss er wohl das ganze Jahr über „vom Himmel herab“ schauen, was die Kinder auf der Welt so tun und treiben. Es könnte doch ein sehr beruhigender Gedanke sein, dass da jemand ist, der alles sieht, eben auch die Nöte, die man als Kind hat. Leider haben im Lauf der Zeit die Erwachsenen ihren Spaß daran gefunden, den Kindern mit dem Nikolaus zu drohen. Sie haben aus dem alten Kinderfreund, der ein weites Herz hatte, einen Moralapostel gemacht, vor dem die Kinder ihre Untaten eingestehen müssen, um dann endlich seine Gaben erhalten zu können. So ist es wohl nicht im Sinn des heiligen Nikolaus, der darum schenkt, weil es nottut und weil er zeichenhaft die Liebe Gottes weitergeben will.

## Knecht Ruprecht

Knecht Ruprecht, Hans Muff, der schwarze Mann … Unter vielen verschiedenen Namen ist er vor allem im süddeutschen Raum und den Alpenregionen der Begleiter des heiligen Nikolaus. Ein wilder, rauer Geselle, der den Kindern Angst einjagt, indem er damit droht, die Übeltäter in einen Sack zu stecken und mitzunehmen. So wild diese dämonenähnliche Gestalt auch ist, dem heiligen Nikolaus folgt er aufs Wort. Die Forschung bringt den dunklen Sack in Verbindung mit dem Höllenschlund. Wer beim „Weltgericht im Kleinen für die Kleinen" nicht gut genug abschneidet, der kommt symbolisch in den Sack. Hier sehen wir noch etwas von dem Vorbild des mittelalterlichen „Seelenfressers", des Teufels, der die armen Seelen verschlingt. Andere interpretieren ihn so: Der heilige Nikolaus ist als Schutzpatron der Seeleute so etwas wie ein Meeresgott, also wie Poseidon bei den Griechen. Poseidon hatte einen Sohn, der die Menschen erschreckte – Triton. Eine Erklärung ist also, dass der heilige Nikolaus diesem Vorbild gemäß auch einen wilden Begleiter erhalten hat. In jedem Fall unterstreicht die dunkle Gestalt des Knecht Ruprecht die leuchtende des Nikolaus. Sankt Nikolaus hat das Finstere, Bedrohliche in Gestalt des Knechts im Griff, niemand braucht vor ihm Angst zu haben. Eine neue Interpretation, die den Knecht Ruprecht nicht mehr gefährlich erscheinen lässt, ist in dem Bilderbuch von Kathrin Pfister „Wie Sankt Nikolaus einen Gehilfen fand" (Nord Süd-Verlag 1992) gelungen. Ganz und gar nicht mehr gefährlich ist Knecht Ruprecht auch in dem bekannten Gedicht von Theodor Storm, „Von drauß' vom Walde komm ich her".

# Bauernregeln

Zudem gibt es auch zu Nikolaus einige Bauernregeln:

„Regnet es an Nikolaus,
wird der Winter streng, ein Graus."

„Trockener Sankt Nikolaus,
milder Winter rund um's Haus."

„Fließt zu Nikolaus noch Birkensaft,
dann kriegt der Winter keine Kraft."

„Sankt Nikolaus spült die Ufer aus."

# Lieder und Gedichte

## Lasst uns froh und munter sein

Text und Melodie aus dem Hunsrück

2. Dann stell ich den Teller auf,
Niklaus legt gewiss was drauf.
Lustig, lustig ...

3. Wenn ich schlaf, dann träume ich:
Jetzt bringt Nikolaus was für mich.
Lustig, lustig ...

4. Wenn ich aufgestanden bin,
lauf ich schnell zum Teller hin.
Lustig, lustig ...

5. Nik'laus ist ein guter Mann,
dem man nicht genug danken kann.
Lustig, lustig, traleralera,
Heut' ist Nikolausabend da.
Lustig, lustig ...

# Sankt Niklaus ist ein guter Mann

Text und Melodie: Franz Kett

Sankt Niklaus ist ein guter Mann,
er hilft den Menschen, wo er kann.
Er tut's, weil er die Menschen liebt.
Durch Niklaus Gott uns Gutes gibt.

# Von drauß' vom Walde komm ich her

Von drauß' vom Walde komm' ich her,
ich muss euch sagen, es weihnachtet sehr!
Allüberall auf den Tannenspitzen
sah ich goldene Lichtlein blitzen.
Und droben aus dem Himmelstor
schaut mit großen Augen das Christkind hervor.
Und wie ich so strolcht' durch den finsteren Tann,
da rief's mich mit heller Stimme an:
„Knecht Ruprecht", rief es, „alter Gesell,
hebe die Beine und spute dich schnell!
Die Kerzen fangen zu brennen an,
das Himmelstor ist aufgetan.
Alt'und Junge sollen nun
von der Jagd des Lebens einmal ruh'n;
und morgen flieg' ich hinab zur Erden,
denn es soll wieder Weihnachten werden!"
Ich sprach: „O lieber Herre Christ,
meine Reise fast zu Ende ist;
ich soll nur noch in diese Stadt,
wo's eitel gute Kinder hat." –
„Hast' denn das Säcklein auch bei dir?"
Ich sprach: „Das Säcklein, das ist hier;
denn Apfel, Nuss und Mandelkern
essen fromme Kinder gern." –
„Hast' denn die Rute auch bei dir?"
Ich sprach: „Die Rute, die ist hier;
doch für die Kinder nur, die schlechten,
die trifft sie auf den Teil, den rechten."
Christkindlein sprach: „So ist es recht;
so geh' mit Gott, mein treuer Knecht!"
Von drauß' vom Walde komm ich her,
ich muss euch sagen, es weihnachtet sehr!
Nun sprecht, wie ich's hierinnen find'!
Sind's gute Kind, sind's böse Kind?

THEODOR STORM

## Heiliger Sankt Nikolaus

Heiliger Sankt Nikolaus,
komm in unser Haus.
Pack die Taschen aus.
Stell den Schimmel unter'n Tisch,
dass er Heu und Hafer frisst.
Heu und Hafer frisst er nicht,
Zuckerbrezeln kriegt er nicht.

(TRADITIONELL)

# Basteln und schmücken

## Nikolausstiefel

**Nikolausstiefel dürfen auf keinen Fall fehlen!** Man kann sie ganz einfach aus einem hellen Stoff nähen, die Naht versäubern, den Nikolausstiefel wenden, bügeln und nun mit viel Freude gestalten. Kinder bekleben ihn gerne mit Filzmotiven oder bemalen ihn mit Stoffmalfarben. So erhält jeder seinen ganz eigenen Nikolausstiefel, der ihn die nächsten Jahre begleiten darf. Und der Nikolaus legt seine Gaben bestimmt besonders gerne in so ein unverwechselbares Stück.

## Apfel-Nikolaus

### DAS BRAUCHT MAN

Walnuss, einen roten Apfel, rotes Krepppapier, rotes Tonpapier, einen Rest Goldfolie, etwas Watte, Draht

### SO GEHT'S

In die Walnuss wird ein Stück Draht gesteckt, damit man die Nuss auf den Apfel stecken kann. Der Walnusskopf erhält einen weißen

Wattebart und eine rote Papiermitra. Mit schwarzem Filzstift werden Augen aufgemalt. Aus einem Stück rotem Krepp entsteht der Mantel: durch das Krepppapier einen Faden nähen, zusammenziehen und das Mäntelchen umbinden. Sogar einen Bischofsstab bekommt er: etwas Goldfolie zu einem Stab rollen, oben spiralförmig umbiegen und den Stab mit Tesafilm unter dem Mantel an den Apfel kleben.

## Klausenbaum

### DAS BRAUCHT MAN

Der Klausenbaum sieht eigentlich aus wie eine Pyramide. Man braucht dazu sechs angespitzte Rundholzstäbe, ca. 25–30 cm lang, und vier schöne große rote Äpfel, die von den Kindern gerne mit einem Tuch auf Hochglanz poliert werden.

### SO GEHT'S

Drei Äpfel bilden die Basis, verbunden mit drei Hölzern tragen sie wiederum auf drei Hölzern den vierten Apfel. Der vierte Apfel ist oben etwas ausgehöhlt, sodass man eine Kerze hineinstellen kann. Die Hölzer sind mit Buchsbaum umwickelt. Der Klausenbaum steht auf einem Teller, auf dem noch genug Platz ist für Nüsse und Lebkuchen.

# Rezepte

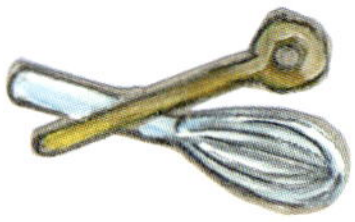

## Bratäpfel

Am Nikolausabend duftet es im Haus nach Bratäpfeln mit Vanillesauce. Dem Einfallsreichtum bei der Zubereitung von Bratäpfeln sind kaum Grenzen gesetzt. Am besten eignen sich leicht säuerliche Äpfel wie Cox Orange, Jonagold oder Boskop dazu.

GRUNDREZEPT

Den Apfel waschen, das Kerngehäuse ausstechen, den Apfel in eine mit Butter gefettete Auflaufform setzen, mit Butterflöckchen versehen und im Herd bei ca. 200°C 25 Minuten braten. Er ist gut, wenn er weich geworden ist. Nach dem Braten mit Zucker bestreuen.

Wenn es nun um die Füllung des Apfels geht, ist alles denkbar, was (Ihnen) schmeckt. Ganz klassisch kommt dieses Rezept daher: Rosinen, gehackte Mandeln, etwas Zimt und Sahne oder etwas Rum werden vermischt und in den entkernten Apfel gefüllt.

# Bratapfelauflauf

Wenn ein ganzer Bratapfel pro Person zu viel ist, kommt ein Bratapfelauflauf gerade recht!

SO GEHT'S

Die Äpfel werden geschält, geviertelt und entkernt und in Scheiben geschnitten. Dann werden sie in eine mit Butter gefettete Auflaufform geschichtet. Nun streut man nach Belieben Rosinen und gehackte Mandeln darüber und übergießt die Äpfel mit süßer Sahne, sodass sie etwas im Sahnebett liegen. Zum Schluss werden die Äpfel mit Zimtzucker bestreut. Am Anfang der Backzeit den Auflauf mit Alufolie abdecken, damit er nicht verbrennt. Im Backofen bei 200°C goldbraun und weich backen.
Vor dem Servieren mit Vanillesauce übergießen oder zusammen mit einer Kugel Vanilleeis auf einem Teller anrichten.

Tipp: Etwas Ahornsirup über die gebackenen Äpfel gießen, schmeckt köstlich!

# Die heilige Lucia

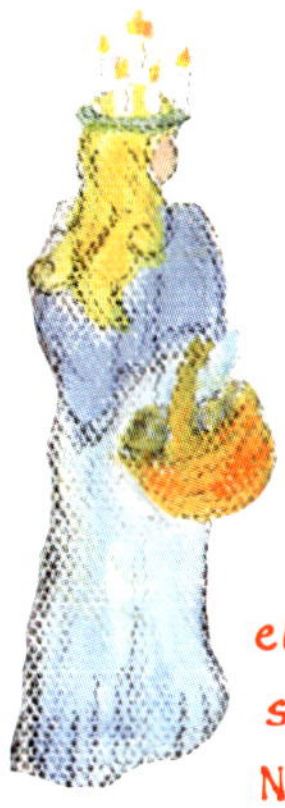

Die Legende berichtet uns, dass Lucia um 286 in der Stadt Syrakus in Süditalien geboren wurde. Hier soll sie auch etwa um 310 den Märtyrertod durch Enthauptung gestorben sein. Bei Ausgrabungen fand man eine Grabplatte mit ihrem Namen, eine frühe Kirche, die nach ihr benannt wurde, wurde über den alten Katakomben errichtet. Santa Lucia ist eine der beliebtesten Heiligen in Italien. Ihr Name bedeutet „die Leuchtende" oder „die Strahlende". So wurde ihr Name zum Auftrag, als sie das Licht zu den in den Katakomben versteckten Christen brachte.

Die heilige Lucia wird bei verschiedenen Anliegen um Beistand angerufen: Den Armen und den Blinden gilt sie als Trösterin, da sie zu Lebzeiten ein Herz für sie hatte. Einige Legenden berichten davon, sie habe sich die Augen ausgestochen und sie ihrem Bräutigam geschickt, der sie um ihrer schönen Augen willen liebte. Hernach aber habe sie durch Gottes Hilfe neue, bessere Augen bekommen. Was hier sehr grausam klingt, muss wohl symbolisch verstanden werden. „Man sieht nur mit dem Herzen gut" – dieses Zitat von Antoine de Saint-Exupéry spricht aus, was die Legende sagen will. Darüber hinaus ist Lucia die Patronin der Glaser, Weber, Sattler und Näherinnen, und man ruft sie bei Augenleiden und Halsschmerzen um Hilfe an.

Im Volksbrauchtum vermischte sich die strahlende heilige Lucia mit vorchristlichen dunkleren Wintergestalten. Im Alpenraum ist es die grausige „Lutzl", die „Perchta", die den Kindern einen Schrecken einjagt und die Faulen das Fürchten lehrt. Hier zeigen sich deutlich die Züge einer alten heidnischen Wintergöttin. Aber es gibt auch an manchen Orten eine zweite Gestalt an ihrer Seite, die „strahlende Lutz", die freundliche, die den Kindern Geschenke bringt. In Skandinavien kennt man dagegen Lucia nur als die freundliche Lichtbringerin.

Dargestellt wird sie mit einer Fackel oder Lampe, da sie den Christen in den Katakomben Licht brachte. Als später die Legende vom Augenwunder hinzukam, wurde sie auf Bildern und als Statue auch mit einem zweiten Augenpaar dargestellt. Ihr Gedenk- und Festtag ist der 13. Dezember.

# Legenden

## Lucia und die wundersame Heilung

Lucia lebte in der sizilianischen Stadt Syrakus in Italien. Ihre Eltern waren sehr wohlhabend und ließen es ihrer Tochter an nichts fehlen. Lucia hatten sie ihr Kind genannt, das bedeutet: die Lichtvolle. Dieser Name passte gut zu ihr, sie erfüllte das Haus mit ihrem hellen Lachen und hatte ein freundliches und gutes Herz. Als sie älter wurde, verlobten ihre Eltern sie mit einem jungen Mann aus einer reichen Familie in Syrakus. So war es damals Sitte.

Da geschah es, dass die Mutter sehr krank wurde. Kein Arzt konnte ihr helfen, auch wenn sie ihm dafür noch so viel Geld versprachen. Die Familie brachte ihren Göttern Opfer dar, aber auch das half nicht. Da hörte Lucia von einem Ort, an dem Kranke auf wundersame Weise gesund geworden waren. Er lag einige Tagesreisen entfernt, in Catania. Dort befand sich das Grab der heiligen Agnes. Sie war eine Christin gewesen, mutig war sie für ihren Glauben eingestanden. Doch ihre Verfolger hatten sie getötet. Viele Menschen kamen aber nun an ihr Grab, um dort zu dem Gott der Christen zu beten, gestärkt im Glauben durch das Vorbild der heiligen Agnes. Immer wieder passierte das Unerklärliche und einer der Betenden wurde geheilt. Voller Hoffnung machte sich nun auch Lucia mit ihrer Mutter auf den Weg dorthin.

Am Grab der heiligen Agnes waren schon einige Menschen versammelt, sie hielten einen Gottesdienst. Jemand erzählte von Jesus, der einst auf der Erde gelebt und Kranke geheilt hatte. Noch heute könne er Menschen heilen, wenn man sich ihm im Glauben von Herzen anvertraue. Lucia hörte aufmerksam zu, dann sprach sie zu ihrer Mutter: „Lass uns hier warten bis zum Schluss. Wenn alle gegangen sind, wollen wir am Grab der heiligen Agnes beten. Denn wenn Jesus wirklich kranke Menschen gesund gemacht hat, dann kann er es auch hier mit dir tun. Aber wenn du nun glaubst, dass dein Gebet zu schwach ist, so denke nur, die heilige Agnes stünde jetzt hier bei dir und würde dich mit ihrem Glauben stärken!“ Sie mussten lange warten, bis auch die letzten Menschen gegangen waren. Schließlich waren nur noch Lucia und ihre Mutter dort. Da betete Lucias Mutter in aller Stille und bat Jesus darum, dass sie wieder gesund würde.

Lucia selbst war von der langen Wanderung so müde geworden, dass sie der Schlaf überkam. Da träumte sie, sie sähe die heilige Agnes, die sie freundlich grüßte. „Liebe kleine Schwester Lucia“, sprach Agnes sie an, „dein Glaube ist nicht geringer als der meine! Sieh, deine Mutter ist gesund geworden, weil du geglaubt hast!“

Da erwachte Lucia – was für ein seltsamer Traum dies war! Eine tiefe Fröhlichkeit breitete sich in ihrem Herzen aus, sie war sich ganz sicher: Das Gebet ihrer Mutter war erhört worden, sie war gesund geworden! „Mutter!“, rief sie, „du bist geheilt!“ Und auch die Mutter spürte nun, wie das Kranke von ihr wich und dem Gesunden Platz machte. Welch eine Freude war das!

Da fasste sich Lucia ein Herz und sprach zu ihrer Mutter: „Bitte, gib mir mein Erbe, das Geld, das du mir geben würdest, wenn ich heiraten würde. Ich will es unter den Armen und Kranken in unserer Stadt verteilen. Ich kann nicht und ich will nicht einen jungen Mann aus unserer Stadt heiraten, ich will zu Jesus gehören und wie er leben!“ Die Mutter war erschrocken. „Lucia“, sprach sie, „willst du das wirklich tun? Was du da mit deinem Erbteil tun willst, das kannst du tun, wenn ich nicht mehr lebe, dann kannst du es verschenken!“ „Ach, Mutter!“, antwortet Lucia da, „gib es doch jetzt den Armen und nicht erst, wenn du gestorben bist. Was du gibst, wenn du stirbst, das verschenkst du nur, weil du es nicht mitnehmen kannst. Gib es lieber jetzt von ganzem Herzen!“

Nach ihrer Rückkehr aus Catania begann Lucia damit, Tag für Tag etwas von ihrem Vermögen zu verschenken. Sie fand auch andere Christen, denen sie helfen und ihnen Freude, Trost und was sie zum Leben nötig hatten bringen konnte.

# Lucia, die Lichtbringerin

**Zu der Zeit, als Lucia lebte, war der Kaiser in Rom auf die Christen nicht gut zu sprechen.** Er regierte das große römische Reich, zu dem auch die Stadt Syrakus gehörte, in der Lucia mit ihren Eltern wohnte. Es ärgerte ihn, dass die Christen ihren Gott mehr verehrten als ihn, ihren Kaiser. Er wollte doch der Wichtigste sein! Außerdem opferten sie nicht mehr den vielen Göttern in den Tempeln. Wo sollte das nur hinführen, wenn man die Götter vergaß und ihnen keine Opfer mehr brachte? Wer würde dann das Volk beschützen? Sie sprachen sogar davon, dass ihr Jesus gesagt habe, man solle seine Feinde lieben und denen Gutes tun, die einem mit Hass begegnen. Das ging doch wohl zu weit! Er, der Kaiser, musste schließlich Kriege führen. Wenn er nun keine Soldaten mehr hatte, die für ihn in den Krieg gegen die benachbarten Völker ziehen wollten, was sollte er tun? Nein, diese Christen waren eine große Gefahr für das Volk, das hatte der Kaiser beschlossen. Also verfolgte er sie unerbittlich, er ließ sie einsperren oder sogar töten. Auch wenn Rom weit weg war, in Syrakus sorgte der oberste Richter Paschasius dafür, dass die Christen es in seiner Stadt schwer hatten, ihren Glauben zu leben.

Aber trotz aller Gefahren und Verfolgungen wurden es immer mehr, die an Jesus Christus glaubten und zu ihm gehören wollten. Heimlich mussten sie sich treffen, wenn sie ihre Gottesdienste feiern wollten. Einige von ihnen lebten schon seit langer Zeit andauernd versteckt. Sie hatten sich einen Ort ausgesucht, den die anderen Menschen in Syrakus fürchteten. Hier würde sie niemand suchen wollen. Sie lebten in den Katakomben. Die Katakomben von Syrakus waren lange unterirdische Gänge, die zu den Räumen führten, in denen die Römer ihre Toten beerdigten. Dunkel, kühl und auch etwas schaurig war es unter der Erde. Hier trafen sich die Christen. In den Kammern, die man einst für die Toten unter der Erde gebaut hatte, erzählten sie sich von Jesus, der ihnen ein neues Leben geschenkt hatte, von Jesus, der sie liebte und der ihrem Leben einen neuen Sinn gab. Hier unten war es egal, ob man ein Sklave oder ein feiner Herr war, hier waren sie alle nur noch eines: von Gott geliebte Kinder. Wie Brüder und Schwestern teilten sie das, was sie hatten, miteinander und halfen sich gegenseitig, wo es nur ging.

Lucia hatte von den heimlichen Treffen der Christen gehört. Sie fand jemanden, der sie zu einem solchen Gottesdienst unter der Erde mitnahm. Wie erstaunt war sie, an diesem Ort des Todes so fröhliche Menschen zu treffen. Sie hörte aufmerksam zu, wenn sie von Jesus

erzählten, der alle Menschen liebt, ohne einen Unterschied zu machen. Immer wieder kam Lucia zu den Treffen, und eines Tages stand es auch für sie fest: Ich will zu ihnen gehören, ich will eine Christin sein.
Sie half nun ihren Freunden, die sich in den Katakomben versteckt halten mussten. Heimlich brachte Lucia ihnen zu essen und zu trinken. Weil sie ihre Gaben in schweren Körben trug, hatte sie keine Hand mehr frei, um ein Licht zu halten, damit sie in den dunklen Gängen ihren Weg finden konnte. Da hatte sie einen Einfall: Sie wand sich einen Kranz aus grünen Zweigen und steckte Kerzen daran. Nun brauchte sie die Kerzen nur noch anzuzünden, wenn sie in die dunklen Katakomben hinunterging. Mit dieser Lichterkrone auf dem Kopf ging sie in die finsteren Gänge. Das Licht leuchtete, und so konnte sie den Weg sicher finden. „Lucia bringt uns Wärme und Licht!", freuten sich ihre Freunde, wenn sie zu ihnen kam. Sie verteilte ihre Gaben und sprach ihnen Mut zu, die lange Zeit in der Dunkelheit auszuhalten.

# Lucia wird gefangen genommen und verurteilt

Bald sprach sich in der Stadt herum, dass die schöne und reiche Lucia ihr Erbteil an die Armen und Kranken verschenkte. Viele kamen zu ihr und baten sie um Hilfe. Lucia half mit Freuden, wo immer sie nur konnte. Ihrem Bräutigam aber gefiel es gar nicht, dass sie ihr ganzes Vermögen verschenkte. Er wunderte sich über das seltsame Verhalten seiner Verlobten. Schließlich ging er zu ihr und stellte sie zur Rede. Da musste Lucia ihm schließlich sagen, dass sie ihre Verlobung auflösen wolle, weil sie ihn nicht heiraten könne. Ihr Bräutigam erschrak: „Was ist nur mit dir los, Lucia, du hast dich so verändert!" Als der junge Mann nun weiterfragte, offenbarte sie ihm ihr Geheimnis: „Ich bin eine Christin geworden. Ich will Jesus Christus folgen, wie er den Menschen Gutes tun und mich um die Armen sorgen." Vor Enttäuschung und Wut war der junge Mann außer sich. Eine Christin! Seine Braut Lucia! Wie konnte das nur sein? Der Kaiser hasste die Christen, wie konnte Lucia so etwas tun? Und als sei dies nicht genug, so wagte sie es, ihm offen ins Gesicht zu sagen, dass sie ihn nicht heiraten wollte! „Weißt du auch, was du damit ausschlägst, Lucia?", fragte er sie aufgebracht. „Ein gutes Leben hätte ich dir bieten können, es hätte dir an nichts gefehlt, wenn du mir in mein Haus gefolgt wärst!" Da schüttelte Lucia den Kopf. „Du irrst dich, wenn du denkst, es hätte mir bei dir an nichts gefehlt. Mir hätte es am Wichtigsten im Leben gefehlt. Leben und Liebe, so wie es nur einer schenkt. Doch das kannst du mir nicht geben. Das kann nur Christus selbst tun, und ihm folge ich nach." Mit diesen Worten drehte sie sich um und ließ ihren Bräutigam stehen. Da wusste sich der junge Mann in seiner Wut nicht anders zu helfen, als Lucia beim obersten Richter der Stadt anzuklagen. Lucia wurde gefangenen genommen und vor den Richter geführt. Er verhörte sie und stellte ihr viele Fragen. Alle, die dabei waren, wunderten sich darüber, wie mutig sie auf seine Fragen antworten konnte. Aber weil der Kaiser in Rom beschlossen hatte, hart gegen alle Christen vorzugehen, so kannten sie auch in Syrakus mit Lucia keine Gnade. Der Richter befragte sie lange, doch am Ende stand sein Urteil fest: Wie so viele andere Christen zu dieser Zeit wurde auch Lucia schließlich zum Tod verurteilt. Aber auch da noch schöpfte sie ihren Trost aus der festen Gewissheit, dass nichts, nicht einmal der Tod sie von Gottes Liebe trennen könne.

# Bräuche

## Lichter schwemmen

**Wer an einem Gewässer wohnt, kann dem alten Bauch des Lichterschwemmens (das Wort leitet sich von „schwimmen" ab) am Luciatag folgen.** Wie Lucia das Licht zu den versteckten Christen in die Katakomben brachte, so sollen die schwimmenden Häuser kleine lichterfüllte Sendboten in der dunklen Winternacht sein.

Viele kleine Lichterhäuschen werden auf dem Wasser auf die Reise in die dunkle Nacht geschickt. Man faltet kleine Häuschen aus Tonkarton, schneidet Fenster hinein und hinterklebt sie mit Transparentpapier. Die Häuschen werden auf ein Holzbrettchen gestellt und von innen mit einer Kerze beleuchtet. Am Abend lässt man die erleuchteten Häuser in einem seichten Gewässer schwimmen. – Sie sehen aber auch schön aus, wenn sie „nur" in einer großen alten Zinkwanne schwimmen dürfen.

Eine Variante für drinnen sind Walnussschalenhälften, in die eine kleine Kerze mit etwas Wachs geklebt wird. Diese Lichtschiffchen schwimmen sehr schön in einer mit Wasser gefüllten Schale. Wer mag, formuliert einen guten Wunsch, wenn er das Lichtschiff ins Wasser setzt.

# Luciafrühstück

**In Schweden ist es Tradition, dass die älteste Tochter am Luciatag das Frühstück bringt.** Sie erinnert dabei an Lucia, die den Christen, die sich versteckt hielten, im Dunkeln Licht und Essen brachte. Sie trägt traditionell ein weißes Gewand mit einer roten Schärpe um den Bauch gebunden. Auf dem Kopf hat sie eine goldene Krone, die geschmückt ist mit immergrünem Buchsbaum und brennenden Kerzen. Sie bringt ein besonderes Hefegebäck mit viel Safran, die sogenannten Lussekatter mit. Auch in den Schulen wird eine Lucia für diesen Tag gekürt, meist ist dies eine der älteren Schülerinnen. In ihrer Begleitung befinden sich neben kleineren Mädchen auch kleine Jungen, die sogenannten „Stjerngosse" - „Sternenburschen". Sie tragen spitze weiße Papierhüte, die mit Sternen beklebt sind. Hier finden wir wohl eher die Tradition der skandinavischen Weihnachtswichtel im Gefolge der Lucia wieder, die „Tomte", die sonst rote Mützen tragen und nun ebenso lichthell gekleidet sind wie Lucia selbst. Die kleinen Mädchen, die Lucia begleiten, tragen ebenfalls helle Gewänder und einen goldenen Stirnreif als Kopfschmuck. So ziehen sie singend durch ihre Schule. Anschließend feiern die Kinder mit ihren Lehrern und Eltern den Luciatag bei Gebäck und Teepunsch, für die Erwachsenen gibt es „Glögg", den typisch schwedischen Glühwein. Das skandinavische Brauchtum am Luciatag hat also seine ganz eigenen Traditionen entwickelt. Man kann vermuten, dass sich hier die Vorstellung von einer vorchristlichen, freundlichen Lichtbringerin mit der Legende der heiligen Lucia vermischt hat. Nach diesem Brauch wird das Licht, das nach der Mittwinternacht wieder an Kraft gewinnt, durch das Erscheinen einer jungen Frau symbolisiert.

# Bauernregeln

Auch zu diesem Heiligenfest gibt es einige Bauernregeln:

„Kommt die heilige Lucia,
findet sie schon Kälte da."

„Wenn Lucia die Gans geht im Dreck,
so geht sie am Christtag auf Eis."
(Heißt so viel wie: Regnet es zu Lucia, so gibt es zu Weihnachten Frost)

„An Sankt Lucia ist der Abend dem Morgen nah."
(Nach älterer Kalenderrechnung lag der Luciatag auf dem Tag der längsten Winternacht.)

# Lucialied

Text: übertragen aus dem Schwedischen von Kerstin Schmale-Gebhard

2. Die Nacht war still und stumm,
nun tönt es ringsherum:
„In unsre dunkle Nacht
hat sie ihr Licht gebracht.
Du bringst mit jedem Schritt
Wärme und Hoffnung mit,
Santa Lucia, Santa Lucia!“

3. „Bald weichen Dunkelheit,
Kälte und Einsamkeit!“
So klingt ihr tröstend' Wort
an jedem finstren Ort.
„Die Nacht birgt das neue Licht,
fürchtet euch darum nicht!“
Santa Lucia, Santa Lucia.

# Mache dich auf und werde licht

Text: Jes 60,1 Melodie: Kommunität Gnadenthal

# Basteln und schmücken

## Luciafigur aus Bastelton

**Aus lufttrocknendem Bastelton wird eine kleine Luciafigur geformt, auf dem Kopf trägt sie eine Christbaumkerze.** Für den Körper die Tonmasse ausrollen und um einen festen Untergrund formen, den man später entfernen kann. Das kann eine kleine, mit etwas Zeitungspapier ummantelte Kunststoffflasche sein. Die Arme werden aus zwei kleinen Rollen geformt und angesetzt. Eine Tonkugel als Kopf rollen. Für die Haare den Ton durch eine grobe Knoblauchpresse drücken und ansetzten. Oben auf den Kopf einen kleinen Kranz legen, in den dann die Kerze später eingesetzt werden kann.
Bevor Teile angesetzt werden, die Ansatzstellen stets anfeuchten, mit einer Kuchengabel etwas anritzen und einen Brei aus Wasser und

Bastelton wie einen Kleber an die beiden Teile streichen. Die Figur etwas fest werden lassen, dann die Kunststoffflasche innen vorsichtig entfernen. Wenn die Figur ganz trocken ist, kann man sie entsprechend anmalen.

## Luciakrone aus Tonkarton

#### DAS BRAUCHT MAN

Goldkarton, Schere, Tacker, Buchsbaumzweige

#### UND SO GEHT'S

Aus einem 5 cm breiten Streifen Goldkarton wird ein Stirnkranz gebastelt, die Enden einfach passgenau, aber etwas weiter als benötigt mit einem Tacker zusammenheften. Zwei 3 cm breite Streifen werden über Kreuz gelegt und an vier Stellen am Stirnkranz wie bei einer Krone bogenförmig befestigt (siehe Zeichnung). Der Stirnkranz wird nun mit Buchsbaumzweiglein umwickelt. Wer mag, bastelt Kerzen aus Papier, die an diesem Kranz angebracht, aber natürlich nicht angezündet werden. Die Lucia, die diese Krone trägt, hält ihr Licht lieber in der Hand.

# Lucialicht

DAS BRAUCHT MAN

Goldener Tonkarton, Schere, Messer, weiße Leuchterkerze

UND SO GEHT'S

Aus goldenem Tonkarton wird ein Stern ausgeschnitten. In der Mitte wird er kreuzweise eingeritzt. Hier wird eine weiße Leuchterkerze eingesetzt, die die Lucia nun tragen kann.

# Rezepte

## Luciabrot (Skandinavisches Safranbrot)

ZUTATEN

500 g Mehl, 40 g Hefe, ¼ l Milch oder Sahne, 50 g Zucker, eine Prise Salz, 2 Eier, 100 g Butter, 1 EL Rum, ½ TL Safran, 2 TL Milch, ½ Tasse gewaschene Rosinen, 50 g gemahlene Mandeln, 2 Eigelb und Mandelblätter

SO GEHT'S

Einen Vorteig aus Mehl, Hefe, etwas Zucker und Milch herstellen und 15 Minuten ruhen lassen.
Den Safran in etwas Milch auflösen. Die Butter zerlassen, mit den Eiern, dem restlichen Zucker, Salz, Safran, Rum, Rosinen und den Mandeln zum Vorteig geben und gut kneten. Wenn man den Teigkloß mehrmals auf die Arbeitsplatte schlägt, wird er geschmeidig und wirft

Blasen. Wenn man ihn dann mit einem scharfen Messer anschneidet, kann man an den vielen kleinen Blasen erkennen, dass der Teig schön locker wird.
Den Teig nochmals 15 Minuten gehen lassen.
Den Teig in zwei Stränge teilen und daraus einen Zopf oder Striezel flechten. Den Zopf nochmals etwas gehen lassen, mit verquirltem Eigelb bestreichen und mit den Mandelblättern bestreuen.
Das Safranbrot bei 200°C etwa 35 bis 40 Minuten backen.

## Lussekatter (Lucien-Küchlein)

### ZUTATEN

1 Würfel Hefe, 900 g Mehl, 200 g Butter, 2 g Safran, ca. ½ l Milch, 20 g Zucker, ½ TL Salz, 1 Ei, Rosinen. 2 EL Milch können nach Belieben durch 2 EL Rosenwasser ersetzt werden.

### SO GEHT'S

Aus den angegebenen Zutaten einen Hefeteig kneten, dazu Safran in erwärmter Milch bzw. erwärmtem Rosenwasser auflösen. Den Teig lässt man 30 Minuten gehen, dann werden die Lussekatter (siehe unten) geformt. Auf dem Blech nochmals gehen lassen, zum Schluss mit Rosinen verzieren und mit Eigelb bestreichen. Etwa 10 Minuten bei 180°C bis 200°C goldgelb backen.

# Theaterstück zu Lucia

**In einfachen Worten erzählt das kleine Stück davon, wie es ist, wenn Licht geteilt wird.** Die Zuschauenden dürfen die Erfahrung machen: Man kann etwas teilen, und es vermehrt sich dennoch.
Die Geschichte kann schon von zwei älteren Kindergartenkindern gespielt werden. Wenn sie es wollen, können sie sogar die kleinen Dialoge sprechen. Aber auch nur von einer einfühlsamen Erzählstimme begleitet, spricht das Geschehen für sich. Die Darsteller sind zwei Kinder mit ihren Laternen und der Wind. Auch der Wald kann von einer kleinen Gruppe von Kindern dargestellt werden. Die Kostüme sind einfach, die Kinder sind „normal" angezogen und tragen ihre Laternen, nur der Wind kann wehende, fließende Stoffe und Tücher um sich haben. Die „Bäume" halten dunkelgrüne Rhythmiktücher in den Händen.
Diese Geschichte kann sehr gut bei einer Adventsfeier aufgeführt werden. Es ist schön, wenn man den Raum abdunkeln kann, dann kommen die Laternen besser zur Geltung. Das Licht wird geteilt, indem eine lange Kerze an der in der Laterne brennenden Kerze angezündet und dann die Flamme an die erloschene Kerze gehalten wird.

# Das Kind mit der Laterne

**Es war einmal ein Kind, das ging mit seiner Laterne durch den nächtlichen Wald.**
Wie hell leuchtete der Schein der Laterne und erhellte dem Kind den Weg!

Doch da erhob sich plötzlich ein starker Wind und fing an zu blasen.
Er rüttelte an den Zweigen der hohen Tannen,
er rüttelte an der Laterne, und das Kind fürchtete,
dass der Wind das Lichtlein in der Laterne löschen könnte.

Das Kerzenlicht in der Laterne flackerte aufgeregt.
„Wenn es nur nicht ausgeht!", dachte das Kind.
Doch schließlich kam ein heftiger Windstoß
und blies das Licht in der Laterne aus.

Traurig stand das Kind nun da. Wer sollte ihm hier im Wald sein Licht anzünden?

Es versuchte seinen Weg zu finden, aber allein im Dunkeln war es so schwer.
Da hörte der Wind auf zu blasen, und es wurde stiller im Wald.

Mit einem Mal sah das Kind in der Ferne einen hellen Schein, der näher und näher kam.
Was mochte das nur sein?
Wie freute es sich, als es sah, dass ihm ein anderes Kind entgegenkam!
Und auch dieses Kind trug eine Laterne.
„Wie schön sein Licht leuchtet!", dachte das Kind.
„Ich werde es fragen, ob es mir von seinem Licht abgibt!"

Das Kind wartete, bis das andere mit seiner strahlenden Laterne bei ihm angekommen war.
„Ach, bitte, gib mir von deinem Licht ab!", bat es.
Doch das Kind wollte sein Licht nicht hergeben.
„Wer weiß?", meinte es, „am Ende reicht es nicht für zwei?"
Es wollte schon weitergehen, da bat das erste Kind es so sehr,
dass es nicht einfach so davongehen konnte.
Es hielt seine Laterne schließlich dicht an die des anderen Kindes
und gab ihm von seinem Licht ab.
Wie staunten nun beide Kinder,
als ihre beiden Lichter heller strahlten als zuvor das einzelne.
Fröhlich gingen sie zusammen weiter und trugen ihre Lichter durch die Nacht.

KERSTIN SCHMALE

# Quellennachweis

## DURCH DIE STRASSEN AUF UND NIEDER

Text: Lieselotte Holzmeister, Melodie: Richard Rudolf Klein
von der Fidula-CD 4427 „Martins- und Laternenlieder"
© Fidula-Verlag Boppard/Rhein

## LEUTE, LÖSCHT DIE LICHTER AUS

Text und Melodie: Bernd Kohlhepp
© Aktive Musik Verlagsgesellschaft mbH Dortmund, www.aktive-musik.de

## AM BARBARATAG

„Am 4. Dezember" aus: Josef Guggenmos, Groß ist die Welt
© 2006 Beltz & Gelberg in der Verlagsgruppe Beltz, Weinheim und Basel

## BARBARA-TAG

aus: Marianne Garff „Es plaudert der Bach", Gedicht: Barbara-Tag
© 2002 by Pforte Verlag (im Rudolf Steiner Verlag) Dornach/Schweiz

## BARBARAZWEIGE

Text: Rolf Krenzer, Melodie: Martin Göth, aus: Macht euch bereit zur Weihnachtszeit. CD mit Begleitheft, © Auer Verlag, 2002

## WIR MESSEN MIT KNOSPENDEN ZWEIGEN DIE ZEIT

Text: Wilhelm Willms, Melodie: Winfried Heurich
© Strube Verlag München-Berlin

## ALLE KNOSPEN SPRINGEN AUF

Text: Wilhelm Wilms, Melodie: Ludger Edelkötter
© KiMu Kinder Musikverlag und Vertrieb GmbH, 50529 Pulheim

## SANKT NIKOLAUS IST EIN GUTER MANN

Text und Melodie: Franz Kett
© RPA-Verlag GmbH, Landshut

## LUCIALIED

aus: Jutta Schnitzler-Forster/Kerstin Schmale-Gebhard: Ein Jahr für die Sinne.
© Kösel-Verlag in der Verlagsgruppe Random House, München 2005

## MACHE DICH AUF UND WERDE LICHT

Text: Jes 60,1, Melodie: Kommunität Gnadenthal
© Präsenz-Verlag, 65597 Gnadenthal